KB268206

슬기로운
동맹 생활

슬기로운 동맹 생활

흔들리는
한미동맹과
한국의
생존 전략

김준형 지음

메디치

차례

왜 지금 '한미동맹'을 말해야 하는가?

지금 한미동맹에 관해 이야기해야 하는 이유는 무엇인가? 한미동맹은 지난 수십 년간 범접 불가능한 성역이자 대한민국 안보와 번영의 근간으로 여겨졌다. 많은 한국인이 한미동맹에 대해 거의 종교적 신념에 비견되는 충성도를 보여왔다. 그리고 그들 중 일부는 진보를 가장한 '친북좌파'가 한미동맹을 흔들고 훼손하려는 노력을 멈추지 않는다고 맹비난하곤 했다. 진보 정부가 들어설 때면 어김없이 한미동맹이 위험에 빠져 있다는 프레임이 작동했다.

그런데 새로운 변수가 등장하면서 이러한 전형적인 패턴에 문제가 생겼다. 그 변수는 바로 도널드 트럼프다. 동맹을 흔드는 주범이 진보가 아닌 트럼프의 미국인 것이다. 보수 진영은 국내 정치의 진영 논리에 따른 과거의 프레임에 갇혀 미국이 동맹을 흔들고 있다는 사실을 전혀 수용하지 못한다. 마치 임금이 옷을 벗고 있는 것을 알면서도 사람들이 진실을 말하지 못하는 동화 〈벌거숭이 임금님〉을 보는 것 같다.

돌이켜보면 미국은 한미동맹을 여러 차례 흔들었다. 1971년 미국의 리처드 닉슨 행정부는 베트남전쟁에서 패배한 이후 재정 부담을 줄이려고 아시아의 동맹국들이 스스로 방위를 책임져야 한다고 주장하면서 주한미군 2만 명을 철수시켰다. 또한 1970년대 말 지미 카터 행정부는 인권외교를 내세우며 박정희 독재 정권을 향해 주한미군 철수 카드를 사용했었다.

하지만 트럼프 행정부는 이전과는 완전히 다른 차원에서 한미동맹의 '근간'을 흔들고 있다. 2차 세계대전 이후 지금까지 맺어온 동맹은 결코 미국을 위한 것이 아니었다며, 오히려 적대적인 태도까지 보인다. 미국이 오늘날처럼 약해진 것은 동맹국들이 경제적·군사적으로 '거머리'처럼 미국의 피를 빨아왔기 때문이라고 규정하고, 이를 바로잡을 뿐만 아니라 그간 미국에 끼친 손해에 대해 처벌적 의미의 정산까지 하겠다고 나선 것이다. 그동안 미군 철수 카드는 동맹국 안보의 미래에 대한 불안을 자극하는 것에 한정되었지만, 오늘날 트럼프의 동맹 흔들기는 전혀 다른 차원으로 동맹국이 가진 것을 약탈하는 행위에 가깝다.

트럼프는 분명 동맹국을 괴롭히고 있는데, 우리는 자꾸만 아니라는 현실 부정의 늪에 빠져 있다. 미국에 대한 기대를 버리지 못하고 있다. 미국과 직접 관세협정을 벌였던 김정관 산업통상부 장관은 "트럼프 행정부는 합리성과 거리가 멀다"라는 한마디 말로 고충을 토로했다. 국가 간 협상을 했는데 상대가 합리성과 거리가 멀었다니, 미국은 정말 그런 나라였을까? 이 물음에 대한 나의 대답은 "그렇다"이다. 지금 미국은 우리에게 익숙했던 미국이 더 이상 아니다. 미국은 한국이 약속한 3,500억 달러(약 484조 원) 규모의 투자 펀드를 놓고 일본과의 합의를 들먹이며 자신들이 투자처를 선정하고, 한국에 자신들의 요구가 있을 때마다 현금을 갖다 바치라고 강요했다. 게다가 트럼프의 요구 사항은 계속 변했고, 또 변할 가능성이 크다. 이른바 '골대 움직이기'다. 트럼프는 공동성명이나 조약에 서명하기를 꺼린다. 그 이유는 서명한 내용에 얽매이지 않고 자기가 원할 때마다 그 내용을 언제든지 바꾸기 위해서다.

트럼프의 미국은 우리가 배운 적도, 경험한 적도 없

는 방식으로 우리를 대하고 있다. 역대 미국 행정부를 떠올려보면 두 가지 유형이 있다. 먼저 진보적이라고 평가할 수 있는 정부는 1차 세계대전 시기의 우드로 윌슨과 대공황부터 2차 세계대전까지 미국을 이끈 프랭클린 루스벨트, 그리고 21세기 초 버락 오바마 같은 유형이 있다. 반대로 보수 정부는 2차 세계대전 이후 드와이트 아이젠하워, 1980년대 로널드 레이건, 그리고 2000년대 조지 W. 부시 정도의 유형을 들 수 있다.

그런데 트럼프는 이 중에 어디에도 속하지 않고 비교할 만한 유형도 없다. 굳이 억지로 찾아보면 영토 팽창과 함께 강력한 보호무역 정책을 펼치며 '관세왕'으로 불렸던 25대 대통령(1897~1901) 윌리엄 매킨리 William McKinley Jr. 정도가 유사할 것이다. 트럼프도 그를 자신의 롤모델이라고 칭송한 적이 있었다. 트럼프는 두 번째 임기 취임식에서 북미 최고봉(6,194m) '디날리Denali산'의 이름을 '매킨리McKinley산'으로 변경하겠다고 밝혔다. 알래스카주에서 가장 높은 이 산은 100년 가까이 매킨리로 불리다가 2015년 버락 오바마 행정부 시절 알래스카 원주민 언어로 '신성함'을 뜻하는 디날리로 이름이 바뀐 바 있었다. 트럼프는 미국이 19세기 후반, 그러니까 내전 이후에 인종차별이 다시 제도화되고, 산업화가 급격하게 일어나며, 후발 제국주의 국가로 부상했던 시기에 주목해 산의 이름을 되돌린 것이다.

미국 전문가 이혜정 중앙대학교 정치국제학과 교수는 현재의 미국을 '불량 제국주의'로 규정한다. 미국은 더 이상 '세계 경찰국가' 역할을 하지 않겠다고 선언했으며, 자유주의 국제질서를 지키려는 노력은커녕 오히려 의도적으로 무너뜨리고 있다. 자유주의에 기반한 패권국이라면 지켜야 할 요소들이 있다. 동맹에 대한 존중과 동맹 관계에 대한 규범 등이다. 그런데 그것을 트럼프는 깡그리 없애버렸다. 하다못해 인도를 지배했던 영국 제국주의도 인도 최상층에 일정한 특혜를 제공하는 등 공모 관계를 유지했지만 트럼프는 이러한 것에 관심이 없다. 미국의 패권은 그대로 유지하되, 규범은 무시하며 힘을 사용해 이익만을 챙기겠다는 것이다. 무역 관계와 안보 관계를 전적으로 미국이 원하는 방식으로 재설정하겠다는 약탈적이고 착취적인 모습을 노골적으로 보이고 있다.

패권과 제국

국제정치에서 당대의 가장 강력한 국가를 일컫는 두 단어가 있다. 바로 '패권hegemony'과 '제국empire'이다. 미국은 전자를 지향하고, 후자로 불리는 것은 꺼린다. 반대로 중국은 전자로 불리는 것은 꺼리고, 후자의 지위를 갈망한다. 미국은 패권이 압도적인 힘을 지칭하는 객관적 사실을 의미하고, 세계 최강 국가라는 자부심을 느끼게 해주는 단어라고 간주해 좋아하지만, 제국은 제국주의를 연상시키기 때문에 싫어한다. 미국인들은 과거 유럽처럼 다른 나라 영토를 정복하고, 자원을 수탈했던 그런 구시대의 제국주의와는 구별된다고 스스로 생각한다. 한마디로 미국은 스스로 선한 패권이라고 인식하고, 그것을 자랑스럽게 여긴다.

반대로 중국은 과거 중화제국의 부활을 꿈꾸기에 제국이라는 말을 좋아한다. 서구 제국주의에 유린당했던 과거를 뒤집고, 위대한 중국으로 부활하겠다는 염원을 갖고 있다. 하지만 패권이라는 말은 싫어한다. 이는 중국이 과거 공산주의 진영에서 소련이 패권을 추구했던 것에 반대했던 역사 때문이다. 지금도 중국은 스스로를 낮춰 '제3세계'라고까지 부르고 있는데, 이는 미국이 중국의 위협을 과장하기 위해 패권이라는 프레임을 씌웠다고 보기 때문이다. 실제로 나는 중국에서 개최된 학술회의에 참여해 '미중 패권 경쟁'이라는 말을 사용할 때마다 여러 차례 중국 학자들의 항의를 받았다.

물론 트럼프는 이런 구별에 개의치 않는다. 이미지 포장 없이 민낯 그대로 접근한다. 그는 약소국들을 정복하고, 탄압하며, 착취했던 구시대 유럽 국가와 달리 세계 질서를 지키는 선한 경찰로 보이도록 애쓴 미국의 민주당 정권들이 위선적이라고 비판해왔다. 이런 맥락에서 트럼프 이상으로 극우적인 성향으로 유명한 J.D. 밴스 부통령이 지난 대선 기간에 "미국은 이제 추상적 가치에 충성하지 않는다"라고 언급한 것을 주목할 필요가 있다. 이 말은 미국은 더 이상 자유주의 패권국 역할을 추구하지 않고, 철저하게 이익만을 위한 미국 우선주의를 추구하겠다는 선언이었다. 미국 우선주의는 경제적 민족주의와 일방주의를 결합한 말이다. 미국 예외주의exceptionalism, 즉 다른 모든 나라가 닮아야 할 이상적이고 보편적인 모범 국가가 되지 않겠다는 선언이다. 더 이상 자유, 인권, 민주주의 등 추상적인 가치에 헌신할 필요가 없다는 의미고, 그런 것들이 국익에 도움이 되기는커녕 해만 끼칠 뿐이라고 보는 것이다.

트럼프가 2016년 힐러리 클린턴, 그리고 2024년 카멀라 해리스와 맞붙었던 대선에서 페미니즘 논쟁과 문화 전쟁이 불거졌다. 민주당은 여성의 낙태권, 성평등, 젠더 정체성 등에 관해 단순한 정책의 차이가 아닌 기본권, 즉 개인의 자유와 민주주의의 가치 차원에서 접근했다. 반면에 공화당은 생명의 보호와 전통적인 가족의 가치 수호라는 입장으로 대응했다. 미국이 어떤 사회를 지향할 것인가에 대한 고민이 민주당의 문제 제기였다면, 공화당 강경파는 미국이 과거 건국 시점에서 어떤 정체성을 가지고 출발한 나라였나를 되돌아보고, 본래의 모습으로 돌아가야 한다는 것이었다. 트럼프는 미국이 어떤 정체성을 바탕으로 만들어진 나라였음을 기억하고, 그 기준을 견지해야 한다고 말한다. 그는 미국이 본래 다인종이나 다민족 국가가 아닌 백인이 세운 나라였는데, 리버럴 등 진보 세력이 가족을 해체하고, 남성성을 약화하며, 기독교적 가치와 윤리를 망가뜨렸다고 주장한다. 게다가 영어도 하지 못하는 이민자들과 난민들이 대거 미국으로 몰려와 스페인어 등을 공용어로 지정해달라는 말도 안 되는 요구를 하게 된 것에 분노한다. 밴스 부통령은 "더 이상 백인인 것에 사과할 필요 없다"고 외치며, 다양성과 포용성의 가치들을 보란

듯이 배척하고 있다. 그들은 이제부터라도 미국이 건국 시점의 본모습으로 돌아가야 한다고 주장한다.

실용주의는 방법론이지 목표가 아니다

트럼프식 거래주의 외교에 대해 이재명 정부는 국익에 기초한 실용주의 노선을 걷겠다고 선언했다. 양자 모두 기본적으로 거래주의다. 그런데 대외 정책에서 실용을 얘기하지 않는 국가는 거의 없다. 또한 실용주의는 방법론이지 목표가 아니다. 하지만 곰곰이 생각해보면 가치를 추구하지 않고 이익을 앞세우는 것만이 트럼프의 미국에 맞서는 유일한 방책이기도 하다. 그런 점에서 이재명 대통령이 방향과 좌표는 잘 잡았다. 문제는 이것만으로 거칠고 약탈적인 미국의 공세에 잘 버틸 수 있을 것인가 하는 점이다. 정상적인 동맹 관계는 물론이고, 합리성에 기초해 이익을 주고받는다는 외교의 대전제도 깨진 상황이다.

트럼프 정부의 관세 부과와 강제 투자 압박 공세에서 이재명 정부는 나름 선방했다. 미국이 완전한 굴종을 강요했지만, 일본이나 유럽처럼 항복하지 않고 나름의 조건을 걸면서 우리 이익을 지켜낼 안전장치를 확보하고자 애썼다. 지도자의 결기가 큰 역할을 했다. 주권자 국민이 밀어주고 리더는 자신감 있게 행동했다. 미국 측 관세협정을 주도했던 상무부 장관 하워드 러트닉Howard W. Lutnick의 비상식적인 압박에 대응해 이 대통령이 협상 실태를 국민들에게 공개해버리면서 미국이 얼마나 일방적이고 비합리적인 무리한 요구를 했는지 알렸다. 미국은 일단 협상안에 서명은 하고 실행은 미루거나 지키지 않아도 된다는 식으로 이면 합의를 요구했지만, 한국은 그렇게 하면 대통령이 탄핵당하는 나라라며 거부했다. 김용범 정책실장이 미국과의 협상이 난항을 겪자 "밟을 테면 밟아보라. 발등이 뚫릴 것이다"라고 미국의 공세에 결기 있는 모습을 보였던 것은 높이 평가받아야 한다. 그러나 냉정하게 보면 우리는 미국으로부터 이익을 얻어낸 것이 아니라 덜 뺏긴 것이다.

대한민국은 갈림길에 서 있다. 허울만 남은 동맹만 붙들고 있다가 트럼프의 압박에 그대로 굴복하고 말 것인가? 아니면 아무도 가보지 못한 길을 갈 것인가? 이런 질문은 마치 우리에게 선택지가 있는 것 같은 착각을 불러온다. 트럼프의 요구와 압박은 이전에는 없었던 것이기에 우리가 수용할 경우, 어떤 심각한 위기에 빠질지 알 수 없다. 반대의 경우도 마찬가지다. 우리가 미국의 요구를 거절하거나 맞대응했을 때, 과연 생존할 수 있을 것인가 하는 공포도 과장은 아니다. 이 역시 가보지 않은 길이다. 미국의 요구를 들어줘도 망할 것 같고, 안 들어줘도 망할 것 같은 딜레마에 처한 것이다.

지금까지 이재명 정부의 대미 정책 기조를 분석해보면, 일단은 한미동맹을 중심으로 하는 노선을 택한 것 같다. 그럼에도 윤석열 정부처럼 한미동맹에 전부를 건 극단적인 편승은 아니다. 동맹의 틀을 무너뜨리는 것은 현재 한국의 취약성으로 인해 어렵다고 보고, 일단 시간을 벌고 국민의 뜻을 살피면서 조정해나가겠다는 것으로 판단된다. 물론 자강론에 대한 생각도 없지는 않을 것이다. 특히 2025년 10월 1일 국군의 날에 던진 '자주국방'의 결의에 대한 메시지는 의미심장하다. 또한 경주 APEC(아시아태평양경제협력체)을 비롯해 중국이나 러시아, 그리고 '글로벌 사우스Global South(비서구권·개발도상국)'와 외교 다변화를 시도하는 모습도 인상적이었다. 동맹을 근간으로 하되, 트럼프의 파상 공세에 일정 정도 양보하고 시간을 벌면서 기회를 엿본다는 전략으로 보인다.

우리만의 원칙, '진보 민족주의'

실용주의는 방법론일 뿐이다. 실용주의도 가치 지향이 없으면 방향을 잃는다. 국가를 경영할 때 원칙과 가치는 필수다. 실용주의는 성과 유무로 결과를 판단하는데, '무엇을 성과로 볼 것인가'에서 가치판단이 개입될 수밖에 없다. 나는 대한민국이 추구해야 할 가치를 '진보 민족주의'라고 생각한다. 동맹이 유효성을 잃었는데 여전히 동맹에 대한 지나친 의존을 극복하지 못했다면, 출발은 민족의 자주성과 주권 의식의 회복이 될 수밖에 없다. 그렇다고 배타적 민족주의로 향하는 것은 시대착오적일 뿐만 아니라, 트럼프의 극우주의와 다를 것이 없다. 개방형 통상 국가로 발전한 우리에게 이는 해악이 될 뿐이기에, 우리의 지향점은 개방성과 포용성을 지향하는 진보적 민족주의가 되어야 한다(이 주제에 관해서는 이 책의 에필로그에서 자세히 설명하고자 한다).

대한민국의 주권은 동맹으로 말미암아 주변부로 밀려났다. 한미 관계는 엄청나게 기울어진 관계이자, 한미 군사동맹은 본질적으로 평화의 장애물이다. 이를 인정해야 새출발을 할 수 있다. 한미동맹이 평화와 주권을 해친다면 인식의 대전환이 필요하다. 대한민국은 미국에 의한 '가스라이팅'에서 벗어나야 한다. 지금 당장은 아닐지라도 미래의 생존을 위해 필수불가결한 일이다.

트럼프의 미국은 세계가 본받아야 할 '아름다운 나라'라는 가면을 벗고 '약탈적 제국주의'의 추악한 민낯을 적나라하게 드러내고 있다. 하지만 이를 통해 우리 국민이 미국의 실체를 제대로 깨닫게 되는 계기가 될 수 있다. 당황스럽고 공포스럽겠지만, 우리가 어떤 역량을 펼치는지에 따라 기회의 순간이 될 수도 있다. 미국의 가스라이팅을 극복하고 자주 대한민국으로 거듭나기를 기원한다.

우리는 할 수 있고, 그러한 역량을 이미 보여주었다. 2024년 말 윤석열의 내란을 시민의 힘으로 막아냈고, 이후 비폭력으로 헌법과 민주주의를 회복하고 있다. 전 세계가 극우와 권위주의의 파도가 드높아지는 시기에 한국의 민주주의 복원은 그야말로 전 세계에 귀감이 될 수 있다. 21세기 정치학의 고전이 된《어떻게 민주주의는 무너지는가》의 저자인 스티븐 레비츠키Steven Levitsky는 "한국에서는 거리의 시민들이 민주주의를 구했다"라고 말했다. 동아시아 전문가인 대니얼 스나이더Daniel Sneider 스탠퍼드대학교 교수는 한국의 민주주의 회복을 두고 트럼프의 반민주적 행태가 도를 넘고 있는 미국은 물론이고 세계 민주주의의 희망이라고까지 평가했다. 미국인들은 한국을 배워야 한다면서 미 전역에서 시위를 하고 있다. 이는 결코 과장이 아니다. 민주주의를 복원시킨 우리가 나아가야 할 다음 여정은 한반도 평화와 자주 대한민국의 길이다.

이 책은 격변하는 국제정치 속에서 흔들리는 한미동맹을 어떻게 바라볼 것이며, 또 어떻게 슬기롭게 우리의 생존을 지키고 이익을 만들어낼 것인가를 분석한 책이다. 2025년 5월에 펴낸 졸저《미국의 배신과 흔들리는 세계》의 후속편이자 확장판이라고 할 수 있다. 《미국의 배신과 흔들리는 세계》가 트럼프와 트럼피즘 Trumpism을 다룬 팸플릿 성격의 입문서였다면, 이번 책에는 더 많은 분석과 최근 벌어진 사건들을 담았다. 우리가 더욱 명민하고 철저하게 트럼프라는 재앙에서 살아남고, 격변하는 국제질서를 역이용하여 새로운 도약의 기회로 삼기를 바란다. 이 책이 그러한 목표를 위한 작은 보탬이 되길 희망한다.

2026년 2월

김준형

1부

격변하는 국제질서

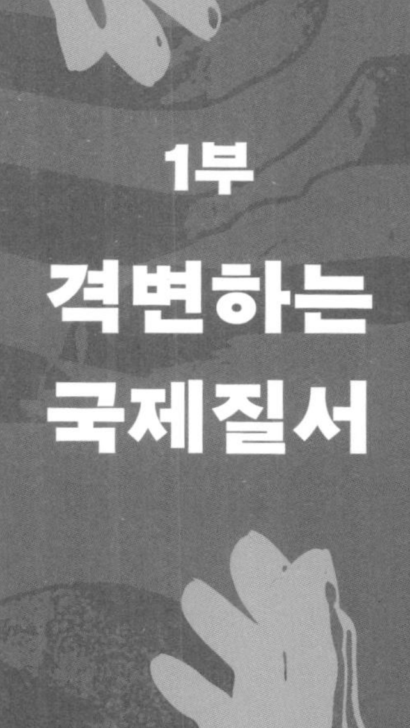

1장

지옥문이 열렸다: 각자도생과 조폭의 세계

요동치는 세계

도널드 트럼프의 미국은 국제기구에 의한 글로벌 거버넌스를 무력화하고 있고, 2차 세계대전 이후 어렵게 유지해온 자유무역 체제를 깡그리 무시하고 있다. 보호무역주의를 바탕으로 일방적이고 자의적인 기준에 따른 관세전쟁을 벌이고 있다. 더 큰 문제는 트럼프의 통상 압박 대상이 적대국이나 라이벌 국가가 아니라 동맹국과 우방국이라는 점이다. 즉 친미 국가를 적대적으로 압박하는 초유의 상황이 전개되고 있다. 물론 트럼프가 중국이나 러시아에 대한 공세도 펼치고는 있지만, 오히려 유럽, 일본, 한국 등 동맹국이나 우방국에 고율의 관세를 거침없이 부과하고, 강제적인 대미 투자를 압박하고 있다.

오늘날 국제질서를 어떻게 바라볼 것인가. 본격적인 진단에 앞서 많은 사람이 세계가 요동치고 있다는 느낌에 공감할 것이다. 심리학자들의 분석에 따르면 대다수의 사람은 자기가 사는 시대를 자연스럽게 과도기, 또는 변동의 시기라고 여긴다고 한다. 하지만 국제정치학을 수십 년 공부한 전문가의 입장에서 볼 때 지금의 국제질서는 전례 없는 지각변동을 겪고 있다. 두 차례의 세계대전을 치른 이후 미국의 주도 아래 거의 한 세기 동안 국제사회가 함께 구축해온 시스템이 무너지고 있다. 더 큰 문제는 이전의 시스템이 무너지고 있는데, 이를 대체할 시스템은 가시권에 없다는 점이다.

그렇다면 과연 무너지고 있는 질서는 무엇일까? 국제정치에서는 그것을 '자유주의 국제질서Liberal International Order, LIO' 또는 '규범 기반 국제질서Rules-based International Order, RBIO'라고 부른다. 기원을 따지자면 멀게는 프랑스대혁명(1789~1799)을 포함한 시민혁명이 지향했던 공화정의 질서이고, 가깝게는 두 차례의 세계대전 이후 미국이 구축하고 이끌어온 질서다. 이 질서는 세 개의 핵심 요소로 구성된다. 첫 번째가 민주주의고, 두 번째는 시장 자본주의와 자유무역이며, 세 번째는 국제 협력 또는 글로벌 거버넌스의 제도화다. 이 질서는 냉전 시기에 자본주의 진영 내에서 꾸준히 이어지다가 탈냉전 시기에 빠르게 국제정치의 중심 체제로 자리 잡았다. 탈냉전 체제는 미국의 일극 체제나 패권 체제, 세계화globalization라고 할 수 있다. 소련 붕괴 전에도 미국은 세계 최강국이었지만 독보적인 상태는 아니었다. 소련 붕괴로 상징되는 사회주의 체제의 몰락은 미국이 이끌었던 자유주의 세계로의 전 지구적 통합을 의미했고, 전 세계는 이러한 미국 일극 체제로의 이행을 매우 낙관적으로 바라봤다. 미국 중심의 자유주의 국제질서가 하나의 통합된 질서 규범으로 공인받은 것이다.

냉전 체제가 2차 세계대전 이후 반세기 동안 지속되었다면, 탈냉전 체제는 사회주의 체제의 붕괴 이후 보통 한 세대로 간주하는 30년 동안 이어졌다. 미국의 일극 패권 체제를 정점으로 한 자유주의 국제질서가 세계화 현상을 주도했다. 이 질서는 탈냉전 시작부터 10년 동안 가장 화려한 전성기를 보낸 후 조금씩 균열을 보였는데, 일련의 국제적 대사건들이 균열의 분기점을 만들었다. 첫 균열은 2001년도에 일어난 9·11 테러였다. 한국에서는 화재를 포함한 긴급 상황에서 구조를 요청하는 전화번호가 119인데, 미국은 911이다. 우연이지만 날짜마저 섬뜩했던 테러 사건이었다. 패권의 정점에 있던 미국이 불과 수십 명의 테러리스트에 의해 안방에서, 그것도 경제의 심장부인 뉴욕 월드트레이드센터와 군사력의 중심부인 워싱턴 펜타곤이 민간항공기에 의해 피격된 것이다.

사실 2차 세계대전 이후 확립된 미국 패권은 사실 더 나쁜 국가나 체제의 존재로 말미암은 반사적 정당성에 큰 수혜를 입었다. 즉 미국의 위선이나 악행은 더 나쁜 국가의 더 큰 악행으로 최소화되는 방식이었다. 나치 독일과 군국주의 일본, 그리고 소련과 중국 등 공산주의 체제가 그런 경우였다. 하지만 소련이 붕괴한 이후 이러한 '반사판' 역할을 하던 국가들이 사라지게 되었다. 미국으로서는 확실한 적이나 악당 국가가 부재한 세계를 다루는 일이 무척이나 생경했다. 할리우드 영화의 문법처럼 빌런villian이 세계를 종말의 위기로 몰아넣고, 미국은 언제나처럼 히어로가 되어 세계를 구하는 서사가 깨진 것이다. 그런데 9·11 테러를 계기로 미국의 대외 정책은 과거 문법으로 되돌아갔다. 미국이 다시 세계 경찰의 역할을 회복해 중국, 러시아 등 권위주의 국가를 견제하고, 이란, 아프가니스탄, 북한 같은 불량 국가들을 통제해야 한다는 목소리가 커졌다.

2008년에 발생한 금융위기는 국제질서를 다시 한 번 뒤흔들었다. 사회주의 붕괴 이후 시장 자본주의 최전성기에 직면하게 된 이 충격적인 역풍은 패권 체제를 뒤흔들었다. 미국은 군사력과 함께 자본주의 체제로 정점의 자리를 지켜온 것인데, 그 근간이라고 할 수 있는 금융 영역에서 위기가 닥친 것이다. 9·11 테러가 미국의 대외 정책을 변화시켰다면, 2008년 금융위기는 소련과의 사회주의-자본주의 체제 경쟁에서 살아남은 자본주의가 내재돼 있던 모순과 폐해를 만천하에 드러낸 중대 사건이었다. 세계적인 투자 귀재 워런 버핏이 '금융계의 대량살상무기'라고 경고했던 투기 자본이 '황금알을 낳는 거위의 배'를 가른 상황으로 치달은 것이다. 금융 투기의 거품이 빠지면서 은행과 투자사들이 연이어 도산했고, 여러 국가가 줄줄이 파산 위기에 직면했다.

자본주의 경제의 위기가 수면 위로 떠올랐지만 마땅한 대안이나 근본적 개선책은 없었다. 미국은 일련의 국제적 협조 체제를 구성해서 대처했고, 중국을 포함한 신흥국emerging states들과의 협력을 통해 금융위기의 충격을 분산하고자 했다. 이때 만들어진 것이 G20이다. 기존의 G7 선진국들만으로는 위기에 대처하기 역부족이었던 탓에 더 많은 나라를 그룹에 포함해 글로벌 협력을 확대하는 방식으로 충격을 분산하려 했다. 이를 통해 결국 위기에서 벗어날 수 있었는데, 이것이 가능했던 바탕에는 중국의 비약적인 성장이 있었다. 사실상 중국이 세계 금융위기의 충격을 흡수한 덕분에 세계 자본주의가 살아났고, 미국의 패권도 생명을 연장할 수 있었다. 그러나 역설적으로 미국은 이를 계기로 중국의 저력을 확인하게 되어 대중 견제의 고삐를 더욱 세게 쥐게 된다.

우여곡절 끝에 2008년 금융위기를 넘긴 자유주의 국제질서는 2016년에 일어난 두 사건, 영국의 브렉시트Brexit와 트럼프의 미국 대통령 당선으로 본격적으로 흔들리기 시작했다. 두 사건 모두 자국의 이익을 우선시해 국제적 협력을 거부했다는 점에서 궤를 같이한다. 당시 외쳤던 구호마저도 '미국/영국을 다시 위대하게'로 유사했다. 브렉시트는 세계화를 선두에서 가속화한 유럽 통합이 영국 입장에서는 책임져야 할 부담만 많아지고 이익은 되지 않는다고 판단해 통합에서 발을 빼는 행위였다. 대서양 너머 미국에서는 2016년 대선에서 트럼프가 MAGA, 즉 '미국을 다시 위대하게Make America Great Again'를 부르짖으면서 대통령에 당선되었다. 트럼프는 미국이 더 이상 세계 경찰 역할을 하지 않겠다고 선언하면서 자유주의 국제질서를 부정했다. 대서양을 가운데 둔 미국과 영국이 국제 협력 질서의 유지가 아닌 '나홀로의 길', 즉 분열의 길을 선택한 것이다.

2016년 트럼프의 등장과 브렉시트는 결코 우연이 아니었다. 사실 2008년 금융위기의 불길은 잡았지만, 자본주의 경제는 오랫동안 누적되어온 심각한 불평등 문제를 드러냈다. 세계화로 경제적 부가 엄청나게 확대되었지만, 그 열매를 소수만 차지했고 불평등은 더 커졌다. 프랑스의 경제학자 토마 피케티Thomas Piketty는 노동소득Labor Income이 늘어나는 속도보다 자본소득Capital Income이 늘어나는 속도가 훨씬 빨라서 빈부 격차가 커지는 자본주의의 고질적 문제가 한계에 달했지만 마땅한 해결책은 없다고 진단했다. 물려받은 자산을 포함해 자산가가 막대한 이득을 독점하는 반면, 근로소득자들은 아무리 죽어라 일해도 가난에서 벗어나지 못했다. 과거에 이러한 불평등은 후진국만의 문제였지만 이젠 선진국이든 후진국이든 가릴 것 없이 전 세계 공통의 문제가 되었다.

자유주의 국제질서의 급격한 퇴조와 더불어 민주주의도 후퇴하고 있다. 냉전이 종식되고 탈냉전으로 이행하는 과정에서 동구권, 남미, 아시아, 아프리카에서 권위주의가 약화하며 민주화의 열기가 들불처럼 번졌다. 그러나 이런 민주화의 들불은 오래 타지 못했다. 아랍의 봄은 대부분 실패로 돌아갔고, 민주적인 선거제도를 채택했더라도 집권 후에 권위주의 체제로 회귀하는 경우가 다반사였다. 자유주의 국제질서의 중요한 기둥이었던 민주주의가 후퇴한 것이었다.

자유주의 국제질서의 붕괴는 곧 '팍스 아메리카나Pax Americana'의 시대가 무너진다는 말이다. 라틴어 '팍스'는 영어로 '피스peace', 즉 평화라는 의미다. 국제정치학에서는 한 나라가 압도적 패권을 가졌을 때, 즉 패권을 노리는 유의미한 도전국이 없을 때 세계 질서가 안정을 유지한다는 '패권안정이론Hegemonic Stability Theory'이 있다. 역사적으로 명멸했던 로마의 '팍스-로마나Pax Romana'와 영국의 '팍스-브리타니카Pax Britannica'의 전철을 미국도 걷게 된 것이다. 미국이 압도적이었을 때는 안정적이었던 체제가 미국이 침체의 길에 들어서며 무너지고 있는 것이다.

이러한 자유주의 국제질서의 변화 과정에서 코로나19 팬데믹이 등장했다. 세계화 시대는 인터넷, 해외여행, 이민, 자유무역 등으로 인한 국경이 사라진 초연

결의 시대였다. 이러한 연결망을 타고 코로나19가 급속도로 퍼졌다. 세계화가 바이러스가 확산하는 도로를 깔아준 셈이었다. 사상 초유의 글로벌 팬데믹을 해결하기 위해서는 국제 협력이 되살아나야 했지만, 실상은 반대였다. 국가들은 국경을 봉쇄하고 교류를 차단했다. 백신 이기주의와 함께 미국과 중국은 감염병의 책임을 서로에게 전가했다. 흔들리고 있던 자유주의 국제질서의 침몰에 코로나19가 쐐기를 박는 촉매 역할을 한 것이다.

뉴노멀과 탈진실

이런 맥락에서 현시대를 규정하는 두 개의 키워드, 뉴노멀new normal과 탈진실post-truth에 주목할 만하다. 먼저 경제와 사회현상을 규정하는 용어인 뉴노멀은 위기를 겪은 이후에도 이전으로 돌아가지 못하고 새로운 조건이 일상으로 굳어지는 상태를 일컫는 말이다. 보통 불경기가 지나면 호경기가 오고, 과도기가 지나면 안정적인 질서가 도래하는데 현재의 세계는 그렇지 못하다. 국제정치에서 뉴노멀은 예측이 어려운 불안정한 국제적 상황이 구조화되는 현상을 가리킨다. 기존의 규범이나 제도가 더 이상 효과적으로 작동하지 못함으로써 안정을 유지할 수 없게 되고, 비정상적인 상황이 장기화되는 상태에 놓이게 된다. 영국의 사회학자 지그문트 바우만Zygmunt Bauman이 '인터레그넘interregnum(공위 시대)'으로 지칭하듯이, 구질서는 유효성을 이미 상실했는데 새로운 질서는 보이지 않는 상황이다. 예외적이고 비정상적인 현상이었던 전쟁이나 공급망 위기, 극단적 기후 위기 등이 세계 질서를 움직이는 동력으로 급부상했다. 전쟁 발발은 유럽과 중동에서 일상적인 뉴스가 되었다. 러시아-우크라이나(이하 러우) 전쟁은 탈냉전 이후 '힘에 의한 현상 변경은 금지'라는 기본 규범을 무너뜨렸고, 가자전쟁은 국가 분쟁을 넘어 대량 학살로 이어졌다. 그럼에도 국제사회는 속수무책인 상황이다.

현시대의 특징을 잘 나타내는 또 다른 키워드는 탈진실이다. 탈진실은 진실이 과거처럼 작동하지 않는 현상을 말한다. 진실보다 감정이 우선하고, 전문가의 분석보다 정치적 편향이 더 큰 영향력을 행사하며, 심지어 외교와 안보 영역에서의 정책 결정조차 정체성의 신호로 읽히는 세상으로 향하고 있다. 탈진실이 지배하는 국제정치는 객관적인 정보와 전문가의 합리적 논리가 아니라 감정과 진영 논리 등이 정책을 이끈다. 과거와 달리 국제정치적 변수가 국내 정치를 움직이지 않고, 국내 정치가 대외 정책을 지배한다. 다시 말해 정부의 원칙이나 전략보다 주요 지지층의 정서가 외교에까지 큰 영향을 끼친다. 트럼프의 대외 정책은 탈진실의 대표적인 현상을 보여준다. 관세 정책, 동맹 정책, 대중 및 대러 정책 등이 전략의 산물이 아니라 정치적 동원의 산물이 되었다. 객관적 사실보다 '내가 해석하고 동의하는 사실'이 우선하는 정치 문화는 외교를 국가이익의 산술적 계산에서 떼어내고, 동맹국과의 약속마저 정치적 전술로 취급하게 만든다.

유명한 사전 출판사인 '옥스퍼드 딕셔너리Oxford Dictionary'는 매년 연말이 되면 그해 세계를 가장 잘 표현할 수 있는 키워드를 선정한다. 2016년의 키워드는 트럼프의 당선과 브렉시트의 영향으로 탈진실이 선정되었다. 탈진실의 시대에는 진실보다 가짜뉴스가 더 큰 영향력을 발휘한다. 설령 나중에 진실이 드러나더라도 의미가 없다. 가짜뉴스가 반복되면 사람들은 분노에 휩싸이게 되고, 이미 감정적으로 선동에 취약한 상태가 되기 때문이다. 혼란의 시대에는 음모론이 힘을 얻고, 이를 정치적으로 이용해 권력을 잡으려는 선동가형 정치인들이 활개 치게 된다. 전 세계로 확산하는 극우 세력의 준동도 이러한 맥락에서 이해할 수 있다.

탈진실 현상이 국제정치에서 특히 위험한 것은 국가 간 갈등을 조정하기 위해 필수적인 공통의 기반이 없어진다는 점이다. 과거에는 국가 간 갈등이 있어도 있는 그대로의 사실과 국제 규범이라는 최소한의 합의를 바탕으로 문제를 해결할 수 있었다. 지금은 이 기반이 무너졌다. 러시아는 우크라이나 침공의 명분에 서구의 압박에 맞서는 민족주의 서사를 입혔다. 러시아는 우크라이나가 러시아의 일부였는데도 나토NATO가 우크라이나의 '나치' 정권과 결탁하여 세력 확장의 대상으로 삼았다며, 돈바스 지역에 사는 러시아계 주민의 보호를 위해 우크라이나를 공격할 수밖에 없었다는 명분을 내세워 침공을 정당화했다. 미국은 중국의 위협을 무조건 과장하고, 중국은 자신들이 아무런 잘못도 하지 않았는데 서구의 패권주의에 희생되고 있다고 주장한다. 탈진실의 국제정치는 있는 그대로의 세계가 아니라, 정치적 편향과 선동으로 만들어진 가공의 세계관이 좌우하는 매우 위험한 국면에 처해 있다.

신냉전과 파편화

지난 30여 년 동안 협력과 통합으로 상징되어온 자유주의 국제질서는 이제 종말을 고하고 있다. 이어서 드러난 국제질서에는 두 가지 요소가 겹쳐 있다. 하나는 '신냉전'이고 다른 하나는 '파편화'다. 먼저 신냉전은 21세기 국제질서의 핵심 축을 이루는 미국과 중국 간의 갈등 구도를 뜻한다. 과거 미국과 소련이 세계를 양분해 대결했던 냉전의 새로운 버전이라는 의미에서 신냉전이라 부른다. 소련이 물러간 자리에 중국이 등장한 것이다. 미중 패권전쟁이라는 식의 자극적인 용어도 언론이나 정치권에서 자주 오르내리지만, 단순히 신냉전이라고 지칭하기에는 그 의미상 맞지 않은 부분도 많다.

미소 냉전은 이념을 바탕으로 한 긴장과 위협의 대결 구조였으나, 서로의 진영이 얽히지 않아 따로 살아도 서로 불편함이 없었다. 그러나 미국과 중국은 서로 깊이 의존하고 있다. 진영 간 분리가 명확하지 않아 진영 대결은 서로를 불편하게 만든다. 또한 과거 미소 냉전이 자본주의와 공산주의의 이념 및 군사동맹의 '대결'이었다면, 미중 신냉전은 기술, 경제, 패권을 둘러싼 전방위 '경쟁'이라는 점에서 차이가 있다. 물론 중국의 권위주의 체제와 미국의 민주주의 체제 간의 가치 충돌이 없지는 않다. 중국은 공산당 일당 체제 아래서 국가 주도 발전 모델을 확립했지만 미국은 자유주의 시장 경제의 보편성을 주장한다. 그러나 본질은 이념 대결이 아니다. 두 체제의 경쟁은 미소 냉전과 달리 '누가 옳은가?'의 문제가 아닌 '누가 더 효율적인가?'의 문제로 옮겨가고 있다. 미국은 중국의 부상을 견제하고 봉쇄하려고 하지만, 정작 미국은 중국과의 관계를 단절하지 못하고 있다. 미중 무역량은 매년 최고치를 경신해왔다.

자유주의 국제질서가 종말을 고하며 부상하는 두 번째 질서는 다극화 또는 파편화다. 과거의 냉전이 철저히 양극 체제였다면, 지금은 다극적이고 유동적인 복합 경쟁이 두드러진다. 다극화란 국제 체제가 여러 개의 강대국 중심으로 영향력이 분산되는 현상을 의미한다. 냉전기처럼 미국과 소련, 두 축이 세계를 양분했던 '양극 체제bipolarity'도 아니고, 소련 붕괴 이후 미국 패권이 유지되던 '단극 체제unipolarity'도 아니다. 미중 양극 체제의 양상을 띠면서도 동시에 미국, 중국, 유럽연합EU, 러시아, 인도 등 다양한 세력이 각자의 영향권을 형성하는 다극적 면모가 강하다. 다극화 현상은 미국의 상대적 쇠퇴로 인한 측면이 크다. 지금까지 살펴본 것처럼 미국은 탈냉전 직후 10년 간의 전성기를 보낸 이후 9·11 테러, 금융위기, 정치적 분열을 겪으면서 약화했다. 냉전 체제의 종식 이후 한 세대를 이어온 미국 중심의 단극 체제는 이제 다극화와 지역화의 흐름 속에서 균열하고 있다. 중국은 '중화 질서'의 복원을 꿈꾸며 경제력과 기술력을 바탕으로 영향력을 확대하고 있으며, 러시아는 군사적 수단으로 세력권을 지키려 한다. '글로벌 사우스'라고 부르는 비서구 신흥국들의 부상도 주목해야 한다.

미국은 여전히 패권의 중심에 서 있지만, 과거처럼 세계를 주도할 절대적 힘은 더 이상 없다. 유럽은 내부적으로 분열되고, 중동과 아프리카는 자원과 안보를 둘러싼 갈등으로 불안정하다. 세계는 단극도, 양극도 아닌 '복합 다극 체제'로 진입했지만, 그 다극의 공존은 협력보다는 갈등으로 치닫고 있다. 강대국 간의 패권 경쟁, 글로벌 공급망의 분절, 그리고 국제기구의 무력화는 세계가 규범의 질서로 묶여 있던 시대의 종언을 고하고 있다. 코로나19 팬데믹 당시 백신과 의료 물자의 자국 우선주의, 러우 전쟁 이후의 에너지 블록화, 미중의 전략적 경쟁 속 기술 디커플링decoupling(탈동조화) 등은 모든 국가가 생존을 위해 타협 대신 자구책을 택하고 있음을 보여준다. 국제 협력의 틀은 여전히 존재하지만 실질적 신뢰와 연대는 땅에 떨어지고 있다.

파편화의 기원은 정치철학자 토머스 홉스Thomas Hobbes가 '만인의 만인에 대한 투쟁'으로 설명한 자연 상태를 떠올리면 이해하기가 쉽다. 물론 홉스는 영국의 국내 정치를 설명하기 위해 이 개념을 고안했으나, 국제정치에서도 적자생존의 논리는 얼마든지 적용된다. 오히려 중앙정부가 없어 무정부 상태라고 일컫는 국제질서에 더 적합한 개념일 수 있다. 국제질서의 파편화 현상은 곧 각국이 생존과 이익을 최우선으로 하는 질서를 말한다. 국가 간 협력을 위한 타협이 없어진 적자생존의 세상으로 타국의 이익이 자국에는 손해가 되는 '제로섬게임zero-sum game'의 처절한 경쟁의 시대라는 뜻이다. 국가 이기주의와 배타적 민족주의가 만연하면 경제적 분쟁은 물론이고, 무력 충돌 가능성도 커진다.

이런 상황에서 미국은 2016년과 2024년, 두 번이나 트럼프를 선택했다. 시장 자본주의의 폐해로 양극화가 극심해지고 이를 완화하는 틀이 무너지면서, 사람들의 불안과 불만이 커지자 극우 포퓰리즘이 등장했다. 국가가 좀처럼 내부 문제를 해결하기가 어렵고, 문제를 잘못 건드렸다가 정권의 위기가 올 수도 있기에, 정치 세력이 진정성을 가지고 문제를 해결하기보다는 희생양을 만들어내고 있다. 많은 경우 난민이나 이민자 등 소수자들에게 각종 사회문제의 원인을 덮어씌우고, 민족주의 감정을 자극해 대외적으로 특정 국가에 대한 혐오를 조장한다. 트럼프의 미국뿐만 아니라 유럽에서도 혐오 선동 전략을 활용하는 극우 '스트롱맨strongman'들이 우후죽순 등장하는 시대가 되었다.

파편화가 심화하면 초래되는 현상 중 하나가 전쟁이다. 인류 역사를 돌이켜보면 전쟁은 늘 있었다. 따라서 전쟁 상태가 정상이고, 전쟁이 없는 상태가 비정상이라고 생각할 수도 있다. 하지만 국제 협력 체제가 출범한 이후에는 전쟁을 어느 정도 억제해왔는데 지금은 이를 막을 방법이 거의 없어졌다. 국제기구나 글로벌 거버넌스도 영향력을 발휘하지 못해 분쟁을 평화로 이행시킬 수단도 대부분 사라졌기 때문이다. 러시아가 우크라이나를 침공하고, 이스라엘이 팔레스타인 학살을 아무런 거리낌 없이 저지르고 있어도 유엔은 무력함을 넘어 존재감 자체가 없다. 전쟁이 쉽게 일어나고, 한번 일어나면 속수무책으로 끝내지도 못하는 시대가 되었다. 다음 차례는 대만이, 그다음 차례는 한반도가 될 수도 있다.

이 대목에서 미국의 저명한 정치사회학자 찰스 틸리Charles Tilly의 '전쟁-국가가설'을 살펴보면 더욱 섬뜩해진다. 그는 근대국가의 기원을 폭력의 독점 과정에서 찾았다. '전쟁-국가가설'의 유명한 명제, "전쟁이 국가를 만들고, 국가는 전쟁을 만든다War made the state, and the state made war"는 국가가 결코 도덕적 계약이나 시민적 합의에서 태어난 것이 아니라, 피와 강제의 산물이라고 설명한다. 나아가 틸리는 국가를 '성공한 조폭 조직'에 비유했다. 그에게 국가는 범죄 조직과 다를 바 없고, 차이가 있다면 폭력을 합법화하고 정당화하는 데 성공했느냐일 뿐이다. 국가를 수립하고 폭력을 제도화한 이후에도 조폭이 지역 상인에게 '보호비'를 요구하듯 국민에게 안전(안보)을 제공하는 대가로 조세와 병역 의무를 부과한다. 조폭이 위협으로 평화를 팔듯, 국가는 군사력으로 안보를 판매한다.

틸리의 분석은 오늘날 국제정치 질서에도 딱 들어맞는다. 각국이 자국 영토 안에서는 폭력을 독점했지만, 국제사회에는 폭력을 통제하는 세계정부가 없다. 다시 말해, 국제 체제는 여전히 다수의 조폭 세력이 서로 견제하며 살아가는 무정부 상태다. 국가들은 보호를 명분으로 동맹을 맺고, 영향력을 확대하며, 상대의 약점을 노린다. 미국이 '자유세계의 수호자'라는 이름으로 안보를 제공하고, 동맹국이 그 대가로 방위비를 부담하는 구조는 틸리의 논리를 그대로 반영한다. 보호를 명분으로 한 지배가 국제질서의 실상이다. 미중 패권 경쟁도 따지고 보면 가장 강력한 조폭 조직 간의 전쟁이다. 약소국들은 두 거대 세력 사이에서 보호비를 나눠 내며 생존을 모색하는 것처럼 보인다. 국내 정치와 다른 점은 어느 한 국가가 폭력을 독점하고 평정한 상태가 아니라는 점뿐이다. 3장에서 더 구체적으로 설명하겠지만, 조폭이 보호비를 갈취하듯이 동맹을 향해 관세와 안보 분담금을 강요하는 트럼프의 행보는 그야말로 틸리의 분석이 탁월하다는 점을 일깨워준다.

틸리의 통찰은 국내 정치나 국제정치 모두 평화의 질서가 아니라, 폭력을 정당화하는 질서라는 불편한 진실을 폭로한다. 조폭의 질서에서 벗어나기 위해선, 폭력의 합법화에 기댄 힘의 논리를 넘어서는 새로운 규범과 신뢰의 질서가 필요하다. 하지만 역사는 냉정하다. 지금까지의 세계가 그랬듯 앞으로의 세계도 여전히 조폭의 질서 위에 세워져 있을지 모른다. 각자도생의 세계는 장기적으로 그 누구에게도 유리하지 않다. 기후변화, 감염병, 난민, 사이버 안보 같은 초국경적 위협은 어느 한 나라가 홀로 해결할 수 없는 문제들이다. 하지만 국가들은 단기적 이익에 매몰되어 공동의 문제를 '타국의 책임'으로 떠넘기고 있다. 그 결과는 더욱 불안정한 국제 환경, 끊임없는 불신의 순환이다. 공동체의 부재 속에서 국가는 늘 불안에 시달리게 될 것이다.

비관이 낙관을 압도하는 상황이다. 하지만 새로운 질서의 혼란은 동시에 기회의 공간이 되기도 한다. 세계 질서의 파편화는 피할 수 없는 현실이고 파국으로 갈 가능성이 있지만, 이를 극복할 가능성도 존재한다. 절대적 패권이 사라진 시대에는 창의적 외교와 다층적 협력이 더욱 빛을 발할 수 있다. 가치와 실리를 조화시키는 다자 외교의 회복이 대안일 수 있다. 파편화된 다극화 현상에 규범과 질서를 입히면 다자주의•가 될 수 있다. 한국이 미국에 대한 절대적 의존에서 벗어나 다자주의 회복을 위한 역할을 하는 것이 우리가 살길이다. 파편화된 세계 속에서 새로운 중심 국가로 부상할 기회이기도 하다. 이 부분에 관해서는 8장에서 상세하게 논의한다.

• 여러 나라가 국제 규범과 제도를 통해 협력해 공동의 문제를 해결하는 원칙과 체제.

2장

절대적인 미국은 절대적으로 무너진다

절대적 패권 미국

앞 장에서 오늘날 국제질서의 흐름을 살펴보면서 미국과 중국의 신냉전보다는 미국 패권의 하락과 다극화(또는 파편화) 현상이 더 지배적이라고 했다. 하지만 그렇다고 미국과 중국이 패권 경쟁을 하지 않는다는 말은 아니다. 과거 미소 냉전같이 적대적인 양극 체제가 서로 분리된 영역에서 이념 대결을 벌이는 것과는 다른 모습을 보인다는 뜻이었다. 미국과 중국, 두 초강대국의 치열한 패권 갈등은 세계의 운명을 급격하게 바꿀 뇌관이다. 미국은 지난 수십 년간 어떤 국가도 감히 범접할 수조차 없었던 초강대국이었다. 지금도 트럼프가 휘두르는 미국의 힘은 여전히 강력하고, 미국의 경제는 다른 국가에 비해 호황을 누리고 있다. 그런데 지금 트럼프의 미국은 국력의 하락을 숨기기 위해 조급하게 힘을 과시하는 것처럼 보인다. 반면 엄청난 속도의 빠른 경제 성장을 바탕으로 정치, 외교, 군사, 과학기술 등 다양한 영역에서 전 세계에 영향력을 확대하고 있는 중국의 도전은 예사롭지 않다.

냉전이 종식된 1991년 이후, 세계는 오직 하나의 초강대국만을 중심으로 돌아갔다. 소련이 해체되고 이념 대립이 사라지자, 미국은 단극 체제의 정점에 서며 역사상 유례없는 '절대적 패권'을 구축했다. 군사력, 경제력, 기술력, 문화력 그 어느 영역에서도 미국을 대체할 나라는커녕 도전국조차 가시권에는 없었다. 그 정도로 21세기 벽두의 미국은 누구도 넘볼 수 없는 절대 강자였다. 당시 중국은 아직 잠룡에 불과했다. 미국의 정치학자 프랜시스 후쿠야마Francis Fukuyama는 인류 역사는 집단을 강조하는 이념과 개인을 강조하는 이념 간의 충돌 과정이었는데, 더 이상의 논쟁이 필요하지 않은 상태, 즉 미국의 가치인 개인주의가 세계의 질서가 되었다고 설명했다. 그는 이념 논쟁이 더는 필요하지 않은 시대가 도래했다는 의미로 "역사의 종언The End of History"이라고 표현했다. 이는 미국인들이 건국 비전인 '언덕 위의 도성The City upon a Hill'•을 성취하고, 미국의 방식이 세계의 표준이자, 아메리칸드림이 곧 인류의 이상을 실현하는 보편적 가치가 되었음을 의미했다.

그동안 미국은 거의 모든 분야에서 압도적인 힘을 과시했다. 미국은 세계 군사비의 절반을 차지하고, 전 세계에 약 750개의 해외 군사기지를 보유하고 있다. 약 60개가 넘는 동맹국 및 우방국이 있으며, 24시간 이내에 전 세계 어디로든 군사력을 투입할 수 있는 능력을 지닌 유일한 국가다. 항공모함 전단 하나가 웬만한 국가의 전체 해·공군력에 맞먹는 화력을 갖고 있는데, 현역 항공모함 전단 11개로 전 세계 주요 해역을 장악할 수 있다. 미국의 군사력을 뒷받침하는 경제력 역시 압도적이다. 미국의 경제력은 막강한 군사력과 함께 패권의 핵심 요소다. 미국의 국내총생산GDP은 평균적으로

• 이 표현은 미국이 스스로를 어떻게 인식해왔는가를 상징적으로 보여준다. 이는 성경 마태복음 5장 14절 "산 위에 있는 동네가 숨겨지지 못할 것이다"에 그 기원을 두고 있는데, 1630년 영국 청교도 지도자 존 윈스럽John Winthrop이 신대륙을 향한 배 위에서 행한 설교에 담겼다. 이것이 소위 말하는 '미국 예외주의American Exceptionalism'의 근간이 된다. 즉 미국은 하나님과 특별한 계약을 맺은 국가로 모든 면에서 전 세계의 본보기 국가로서의 사명을 다해야 한다는 것이다. 세계가 혼란에 빠지거나 잘못된 길로 갈 때 개입해서 바로잡을 책임과 권리가 있다는 것이다.

세계 전체 GDP 총량의 4분의 1에 해당한다. 미 증권시장은 세계 주식 시가총액의 40% 이상을 차지하며, 미국 달러는 여전히 국제 결제의 80%, 전 세계 외환 보유액의 60% 이상을 차지한다. 미국의 압도적인 경제력은 단순히 규모의 차원을 넘어 세계 경제의 구조적 중심을 이룬다. 미국 경제력의 본질은 달러 지배력인데, 달러는 단순한 통화가 아니라 국제질서의 규칙과 운영을 지배하는 메커니즘이다.

군사력과 달러를 중심으로 한 경제적 패권과 함께 미국 패권을 이끄는 또 하나의 핵심 요소는 기술 패권이다. 실리콘밸리, 보스턴, 시애틀, 오스틴 등 혁신 클러스터들은 글로벌 표준을 만들며 인공지능AI, 반도체, 바이오, 우주, 국방 기술 등 첨단 분야의 원천 기술을 보유하고 있다. 구글, 애플, 마이크로소프트, 엔비디아, 테슬라 같은 기업들은 단순한 산업 주체가 아니라 세계 질서를 설계하는 플랫폼 국가의 중요한 도구가 된다. 특히 차세대 발전의 관건이 될 AI와 반도체 분야에서 미국의 기술력은 가장 앞서 있다.

국제정치에서 패권은 다른 나라의 행동을 좌지우지할 수 있고, 자국의 행동이 초래할 결과까지 상당한 수준에서 통제할 수 있을 정도의 권력을 의미한다. 국제

정치학에서는 국력을 어떻게 정의하고, 또 평가할 것인가는 오래도록 논란이 되어왔고, 쉽게 결론이 나지 않았다. 현대 국제정치학의 아버지인 한스 모겐소Hans J. Morgenthau도 국력의 필수 요소 아홉 가지를 제시했는데, 국력을 수치화하고 객관화하는 데 어려움이 있었다.• 특히 국민성, 외교력, 정치 지도력 같은 개념을 어떻게 수치화할 것인가가 문제였다. 미국의 국제정치학자 조지프 나이Joseph S. Nye Jr.가 국력을 군사력 같은 하드 파워Hard Power와 문화나 경제력 같은 소프트 파워Soft Power로 나눈 이유다. 그러나 국력을 두 개념으로 나눈다고 해도 이를 서로 어떻게 비교하고, 서로 어떤 비중으로 다룰지에 관한 문제는 여전히 풀기 어렵다. 군사력이나 영토 같은 하드 파워가 없이 소프트 파워로만 패권을 갖기는 어렵다. 하지만 미국은 하드 파워뿐만 아니라 소프트 파워를 가진 제국이었기에 이러한 논란에서 벗어나 있었다. 미국식 자유, 개인주의, 다양성, 문화 등은 전 세계 젊은 세대가 꿈꾸는 가치가 되었다. 어쩌면

• 모겐소가 자신의 책《국가 간의 정치》에서 제시한 국력의 아홉 가지 요소는 다음과 같다. 지리적 조건, 천연자원, 산업 능력, 군사력, 인구, 국민성, 국민적 사기, 외교력, 정부의 질(정치 지도력) 등이다. 앞에 있는 지리적 조건부터 인구까지는 그나마 계량화가 어느 정도 가능하지만, 국민성부터 정부의 질은 너무 주관적이라 수치화하기 어렵다.

이러한 문화적 매력은 미국이 가진 군사력보다 더 강력한 힘이었다. 사실상 미국의 패권은 강제보다 설득, 지배보다 모방을 통해 유지되었다.

미국 패권의 하락

미국은 여전히 압도적인 군사력을 가지고 있고 전 세계 곳곳에 위치한 미군 기지도 여전히 위압적이다. 하지만 지난 아프가니스탄 철수 작전(2020~2021) 때 미국이 보여준 혼란은 제국의 한계를 적나라하게 드러냈다. 러우 전쟁에서도, 중동의 혼돈에서도 미국의 목소리는 예전처럼 절대적이지 않다. 한때 세계의 경찰이었던 미국은 더 이상 모든 분쟁의 판결자가 아니다. 동맹국들은 미국의 눈치를 살피기보다 자국의 이익을 먼저 따진다. 미국의 군사력도 다른 나라들과 비교해 격차가 점차 줄어들고 있다. 러우 전쟁이나 가자 전쟁에서 목격했듯이 전쟁의 양상이 변하고 있기 때문이다. 현대전에서 드론이나 사이버 무기 같은 소위 저비용·고효율의 무기가 대세를 이루면서 대규모 군대나 대형 무기들의 효용성이 떨어지고 있다. 이로 인해 전 분야에서 군사력을 골고루 갖추고 있는 미국의 특장점이 줄어들고 있다.

경제력 면에서도 미국의 절대적 지위가 흔들리고 있다. 미국 달러는 2차 세계대전 이후 거의 유일한 기축통화로서 무역, 외환 보유, 투자 등의 영역에서 세계 경제를 주도해왔다. 미국은 막대한 재정적자에도 불구하고 달러의 신뢰도를 유지해왔는데, 최근의 탈달러화 De-dollarization 기조는 기축통화로서 달러의 위상을 흔들고 있다. 중국과 러시아 등은 자국 통화 결제를 확대함으로써 달러 의존도를 줄이고 있고, 브릭스BRICS[•]는 공동통화 도입을 시도하면서 호시탐탐 달러 중심의 국제 질서에 도전장을 내밀고 있다. 미국 연방준비제도Fed가 2025년 7월에 발표한 자료에 따르면 글로벌 외환 보유액 중 달러가 차지하는 비중이 2001년에는 72%였으나 지금은 58%까지 떨어졌다.[••] 이런 흐름이 계속된다면 미국은 국제금융에서의 통제력을 상실할 수도 있다. 미국의 핵심 경제제재 정책 중 하나가 달러의 국제 결제망을 무기화하는 것인데, 대표적인 게 SWIFT 퇴출[•••]

• 브라질(Brazil), 러시아(Russia), 인도(India), 중국(China), 남아프리카공화국(South Africa).

•• Carol Bertaut, Bastian von Beschwitz, and Stephanie Curcuru, "The International Role of the U.S. Dollar – 2025 Edition", FEDS Notes, July 18, 2025.

••• 특정 국가나 단체가 국제은행 간 결제망에서 배제되어, 해외 송금·결제 등 국제 금융 거래가 불가능해지는 강력한 제재 조치를 의미한다.

과 같은 금융 제재다. 그러나 대러 제재의 경우를 보더라도 과거와는 달리 금융 제재의 효과가 그리 크지 않다. 게다가 디지털 화폐나 블록체인 기술의 발전도 미국의 달러 패권을 흔들 위험이 있다.

무엇보다 미국은 안에서부터 흔들리고 있다. 국내 정치가 극단적인 진영 싸움의 늪에 빠져 하나의 미국이 아닌 둘의 미국으로 갈라졌다. 정치 양극화의 심화로 단결을 상징하는 국명인 '미합중국the United States of America, USA'이 표현하는 자치와 통합의 절묘한 균형은 사라졌다. 미국인들은 이제 미국이 '미분열국the Disunited States of America, DSA'이 되었다고 자조한다. [그림 1]을 보면 역사적으로 공화당을 지지하는 주(빨간색)와 민주당을 지지하는 주(회색)를 '헤쳐 모여' 하면 정확하게 미국이 반으로 갈라진다. 한때 민주주의의 교과서라 불렸던 나라에서 민주주의가 무너지고 있다. 인종과 계층 간의 균열은 미국 사회의 포용성을 망가뜨렸다. 트럼피즘의 등장은 미국적 가치의 균열을 극명하게 드러낸 사건이었다. 자유와 포용의 나라가 배제의 벽을 높이 쌓기 시작한 것이다. 강대국의 쇠퇴는 언제나 내부로부터 시작된다는 역사적 교훈이 다시 반복되고 있다.

영국의 역사학자 존 액턴John Acton경은 "절대 권력

[그림 1] 둘로 분열된 미국

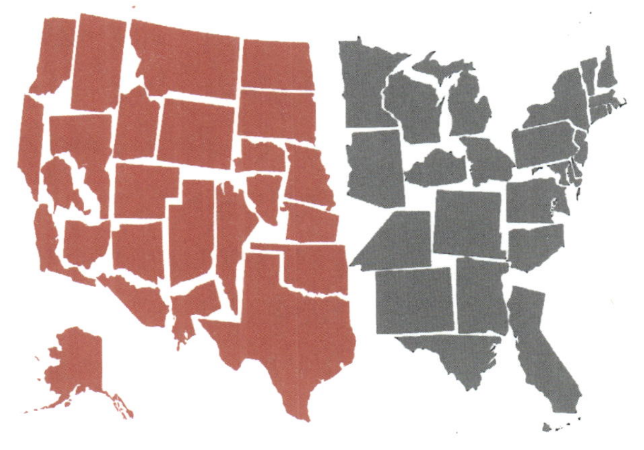

* 자료: 《이코노미스트The Economist》

은 절대 부패한다Absolute power corrupts absolutely"라는 정치학의 유명한 금언을 남겼다. 통찰력이 담긴 이말은 그가 성공회 주교에게 쓴 편지에서 유래되었다고 한다. 견제받지 않는 권력이 개인의 자유와 민주주의에 가장 큰 위협이라는 의미인데, 권력이 견제받지 않고 커질수록 도덕적 고뇌와 윤리적 선택을 해야 할 필요도 줄어들고, 그런 선택을 할 수 있는 능력도 퇴화하여 정부를 마비시키고 나라를 쇠락의 길로 이끌게 된다는 것이다. 권력은 본래 타인에게 영향을 미치고 자기 뜻을 강제할 힘이기 때문에, 큰 권력에는 책임을 묻기가 어렵다. 절대 권력일수록 스스로를 통제하고 타인에게 평가받기가 어려워지고, 잘못을 저지르거나 부패했을 때 이를 처벌할 수 있는 장치가 없어진다. 따라서 독재자는 스스로 개혁할 동기가 없으며, 권력을 유지하기 위해 더 많은 거짓과 부패를 저지르게 되는 법이다. 이는 국내 정치는 물론, 국가의 흥망성쇠에도 그대로 적용될 수 있다. 한국의 박정희·전두환 절대 권력이나 로마제국을 비롯한 역대 패권국이 어떻게 무너졌는지 보면 알 수 있다.

미국은 지금까지 세계를 쥐락펴락해왔다. 미국은 역사적으로 존재했던 어떤 패권국들과 비교해도 가장 절대적인 패권국이었다는 데 이의를 제기할 사람은 별로 없을 것이다. 그러나 시간이 갈수록 패권이 가져다주는 이익은 줄어든 반면 비용은 기하급수적으로 늘었다. 따라서 트럼프는 미국 중심의 패권 질서가 미국 국익에 손해라고 생각하고, 이를 무너뜨리기로 작정한 것이다. 하지만 그렇다고 해서 미국의 시대가 끝난 것은 아니다. 여전히 미국은 군사, 경제, 기술, 문화 등 모든 면에서 압도적인 우위를 유지하고 있다. 다만 그것이 '절대적 패권'이 아니라 '상대적 우위'로 변하고 있다. 세계는 더 이상 미국만이 중심인 질서가 아니라, 다양한 권력과 가치가 공존하고 충돌하는 복합적 구조로 변화하는 중이다.

중국의 부상

미국 패권이 쇠퇴하는 가운데 중국이 급부상했다. '세계의 공장'에서 '기술 강국'으로 변신하며 미국의 산업적 기반을 위협하고 있다. 군사력과 경제력에 있어서 양국의 격차는 빠르게 좁혀지고 있다. 미국의 패권 쇠퇴와 중국의 급부상에 직접적인 인과관계가 있는 것은 아니다. 다시 말해 중국 때문에 미국 패권이 하락하고 있는 것은 아니라는 말이다. 그러나 이전에는 없었던 미국의 강력한 도전자가 등장한 셈이고, 이는 기존 패권국인 미국이 충분히 위협적으로 느낄 수 있다. 미국이 창설하고 유지한 세계 질서를 중국이 잘 활용해서 급속한 발전을 이루었고, 이 때문에 두 나라의 이익이 충돌하는 지점이 많아지고 커지면서 전략적 경쟁이 시작된 것이다.

21세기 들어 미국의 패권 침체가 시작된 초기에 중국은 Big 2 또는 G2라고 불리는 것을 애써 거부했다. 그만한 국제적인 책임을 짊어지지 않으려는 의도도 있었지만, 실제로도 약점이 많았기 때문이다. 21세기 초, 중국의 국민총생산GNP은 세계 2위였지만, 인구가 워낙 많다 보니 1인당 GDP는 세계 중위권 수준이자, 미국의 6분의 1 수준에 불과했다. 당시 유엔UN, IMF, OECD, 세계은행World Bank 등 주요 경제 관련 국제기구들은 중국을 개발도상국으로 분류했다. 미국의 시대에 중국은 열세를 인정하고 쟁점 사안에서 물러서는 전략을 택했다. 미국도 중국의 권위주의와 반인권 행태에 직접적인 공세를 취하지 않았기에 양국 간 대립은 심각하지 않았다.

그러나 미중 무역전쟁(2018)과 홍콩 민주화 운동(2019), 양안 관계 악화, 코로나19 팬데믹 등을 겪으면서 양국 간 대립이 격해졌다. 양국을 둘러싼 상황 변화가 원인이기도 했지만, 결국 중국이 성장·발전하면서 양국 간 제로섬 게임의 영역이 확대되었기 때문이다. 시간이 갈수록 미국은 중국이 막강한 경제적 잠재력을 가지고 미국을 위협하는 최대의 도전국이자 위협으로 느끼게 된다.

금융위기를 극복한 후 2013년 6월 미국 캘리포니아주 휴양지 랜초 미라주에서 버락 오바마 대통령과 시진핑 주석이 첫 정상회담을 가졌다. 시진핑은 미국에 중국의 새로운 대외 전략인 '신형대국관계新型大國關係'를 과감하게 제시했다. "광활한 태평양은 중국과 미국이라는 두 대국을 수용할 만큼 넓다"라는 유명한 말이 이때 나왔다. 역사적으로 새로운 강대국이 부상하면 기존 강대국과 충돌을 빚었지만, 미중은 이러한 굴레에서 벗어나 평화적으로 공존하고 협력하자는 제안이었다. 시진핑은 미국이 중국의 핵심 이익을 건드리지 않으면, 중국도 미국에 도전할 생각이 없다고 했다. 그렇게 양국의 공존 질서를 나름대로 잘 피력했다고 느낀 중국과는 달리, 미국은 지난 금융위기에서 중국이 보여준 저력과 함께 중국의 부상이 코앞에 닥쳤다는 위기의식을 느꼈다.

중국의 대미 인식도 변해왔다. 중국은 미국과 공정한 경쟁과 평화로운 공존이 가능하다고 생각했지만, 점차 시간이 지날수록 치열한 경쟁을 피할 수 없다고 느끼게 된다. 시진핑의 장기 집권을 위한 내부 권력투쟁도 안정화되어 대미 관계에 있어 쉽게 물러서지 않아도 되었다. 게다가 코로나19 팬데믹 기간에 미국 경제가 어려움을 겪은 데 비해 중국 경제는 성장을 멈추지 않아 양국의 격차는 날이 갈수록 좁혀졌다. 2020년 GDP 통계에서 미국이 20.93조 달러를, 중국이 14.7조 달러를 각각 기록하면서 격차는 거의 1.5배까지 줄어들었다. 분석 기관에 따라 조금씩 차이가 있지만 대체로 20년 내로 중국의 미국 추월이 가능하다는 리포트들이 쏟아졌다. 물론 팬데믹과 중국의 부동산 위기 등 경제 리스크 요소도 실재한다고 지적한 부정적인 전망도 있었다. 아직은 미국이 중국과 비교해 거의 모든 지표에서 여전히 우위를 점하고 있다. 중국이 미국을 대신하기에는 하드 파워는 물론이고, 소프트 파워 등에서 허점이 많다는 지적도 설득력이 있다.

이쯤에서 살펴봐야 할 지점이 있다. 중국의 국가 정체성을 둘러싼 논쟁이다. 그중 하나가 중국은 '사회주의 국가인가' 아니면 '자본주의 국가인가'라는 질문이다. 이 질문에 답하기 전에 용어에 대한 약간의 정리가 필요하다. 먼저 '민주주의의 반대말이 공산주의'라는 것이다. 이는 냉전 시절의 편견에서 비롯된 잘못된 인식이다. 민주주의의 반대말은 독재다. 공산주의는 경제체제를 일컫는 용어로 자본주의와 대척점에 있다. 국민 다수의 뜻을 중요시하고, 시장을 포함한 민간 영역을 중요시하는 자본주의는 민주주의와 기본적으로 친화성이 있다. 그렇다고 해서 모든 자본주의 국가가 민주주의를 채택한 것은 아니다. 중국이 가장 좋은 예다. 중국은 국가 권력을 공산당이 일당 지배하는 권위주의 국가이지만, 경제체제는 자본주의다. 자본주의 유형 중에도 국가가 주도하는 자본주의 체제다.

한국이나 일본도 정도의 차이는 있지만, 산업화 초입에는 국가가 주도하여 자본주의를 발전시켰다. 주로 자본주의 후발 주자의 경우, 기업과 시장의 역량이 미성숙한 경우가 많아서 민간기업과 비교해 상대적으로 우월한 자본과 수단을 갖춘 정부가 산업화를 주도해야 '규모의 경제Economies of Scale'가 가능해져 발전을 가속할 수 있었다. 중국도 이러한 발전 국가의 형태로 자본주의를 제도화해왔다. 마오쩌둥이 중국을 건국했다면 덩샤오핑은 경제를 일으켰는데, 그 핵심 방법이 바로 '국가자본주의'였다. 결과는 모두가 알고 있는 것처럼 눈부신 속도의 경제 발전이었다.

그러나 중국은 서구의 발전 경로를 그대로 따르지 않았다. 개혁·개방이 이뤄지고 시장화가 더 진전될 것이라는 외부의 전망이 조금씩 어긋나더니, 시진핑 체제에서 공식적으로 부정되었다. 시진핑 정부는 대내외적으로 중국이 추구하는 고유의 발전 경로를 분명하게 선언했다. 시진핑은 2013년 11월 18기 3중전회•에서 '중

• 3중전회는 중국공산당 중앙위원회 제3차 전체회의로 1·2중전회는 지도부 인선, 3중전회는 경제 발전 정책과 개혁 과제를 논의한다.

국 특색 사회주의'의 제도화를 새로운 체제의 비전으로 제시했고, 2022년부터는 이를 '중국식 현대화'라고 명명하며 덩샤오핑이 제기했던 문제•에 대한 답을 찾았다고 선포했다. 덩샤오핑을 출발점으로 서구식 자본주의 시장경제를 공산당 체제를 위협하지 않는 속도와 강도로 조심스럽게 수용하며 적응해왔던 40년의 노력에 대한 해답이자 앞으로의 변화를 제시한 것이다. 그것은 서구 자본주의식 발전 경로가 아닌 중국식 발전 경로를 찾았다는 의미다.

한국이나 동남아 일부 국가들은 자본주의가 발전한 후 독재에서 민주주의로 체제 전환이 일어났지만, 중국에서 그런 일은 일어나지 않았다. 중국이 서구 자본주의 및 자유주의 국제질서에 편입될 것이라는 기대는 서구의 기대일 뿐, 기존 발전 국가 프레임이 중국에서는 작동하지 않은 것이다. 즉 개혁과 개방의 연속선 위에서 시장화가 진전되고 민주화로까지 이어진다는 기대는 이제 접어야 한다.

시진핑은 중국 경제가 발전할수록 국가자본주의

• "검은 고양이든 흰 고양이든 쥐만 잘 잡으면 된다"는 덩샤오핑의 흑묘백묘론. 실용주의적 개혁·개방을 뜻하는 어록으로 이념보다 실질적 성과를 중시한다는 의미다.

를 오히려 강화했다. 물론 덩샤오핑 시절의 계획경제로 회귀하는 것은 아니라고 주장했고, 실제로 차이도 있다. 시진핑은 '중국 특색 사회주의'라는 중국만의 고유한 길을 통해 현대화를 추구하고 있다. 이는 서구의 '글로벌 가치사슬Global Value Chain'에 단순히 편입되고 적응하는 수준을 넘어 이를 자국에 유리하게 활용하기 위한 국가와 기업의 공조 체제다. 국가가 기업을 지배하거나 보호하는 것이 아니라, 대주주로서 지분을 가지고 산업 정책, 통상 정책 그리고 금융 정책을 만들어 기업의 성장을 이끈다는 것이다. 한마디로 정부와 기업이 한 몸으로 성장한다는 전략이다. 통계적으로도 시진핑 정부에서 국유 기업의 숫자와 비중은 대폭 증가했다.

서구 진영은 자유주의 국제질서, 특히 자유무역과 세계 경제의 가치사슬에 중국을 편입함으로써, 중국은 물론이고 세계가 동반 성장하고, 또 내심 중국의 정치적 변화를 기대했다. 그러나 세계 경제와 중국의 동반 성장이라는 목표는 어느 정도 달성되었지만, 중국이 자유주의 국제질서와는 다른 이질적인 체제를 강화하면서 글로벌 공급망에 참여함으로써 충돌이 발생했다. 즉 국가 주도 경제체제와 권위주의적 정치체제를 유지함으로써 중국이 국제질서를 준수하지 않고, 나아가 현상 변경을 시도하는 국가로 규정된 것이다. 서구 사회가 중국에 대해 자주 '속았다'라고 말하는 이유가 여기에 있다. 중국의 반응도 이러한 서구의 인식에 불을 붙였다. 시진핑 이전에 중국은 개혁·개방을 통해 세계화 물결에 발맞추어 변화할 것이지만, 그 속도는 공산당이 결정한다고 했었다. 그러나 시진핑의 중국은 이제 서구 주도의 세계 질서에 순응할 생각이 없으며, 스스로의 길을 통한 중국식 현대화를 이룰 것이라고 선언했다. 이 말은 경제적으로는 세계화 질서에 수렴convergence하지 않고, 반대로 이반divergence함으로써 경쟁에 우위를 점하겠다는 의미다. 서구의 시각에서 중국의 이러한 선택은 공급망에 대한 지배를 통해 공정성을 훼손하고 세계화 질서를 위협하는 행위로 간주되었다.

미국의 경제 잡지 《포춘》에서 선정한 500대 기업에 따르면 2025년 기준 중국 기업의 숫자는 124개에 이르러, 138개를 기록한 미국의 뒤를 바짝 뒤쫓고 있다. 중국은 글로벌 공급망에 대한 지배력을 높이기 위해 국가와 기업의 일체화 시스템을 구축하는 중이다. 국가는 국유 기업이 이익을 얻기 위한 독립적 행동을 할 수 있도록 보장하되, 동시에 대주주처럼 움직인다. 국내에서는 독점 시장을 형성하고, 이를 발판 삼아 해외시장에 진출할 수 있도록 돕는 것이다. 이 과정에서 발생할 수 있는 정경유착과 부패를 방지하기 위한 노력도 병행한다. 중국 내 주요 정치 파벌인 상하이방과 공청단을 퇴출시킨 시진핑의 반부패 드라이브가 바로 그런 것이다. 이미 중국의 국유 기업은 국가의 도움으로 호황기에 더 크게 성장하고 불황기에 덜 망하는 비대칭 내구성으로 세계 제조업 전선에 깊이 뿌리내렸다. 이런 방식이 제조업 전체로 확산하면서 중국이 세계 제조업을 지배하게 되는 것이다.

향후 30년 내로는 이뤄지기 어려운 미중 전략 경쟁의 세 가지 시나리오가 있다. 먼저 미국이 중국의 거센 도전을 막아내고 중국을 무릎 꿇게 할 것이라는 예상이다. 1980년대 미국에 도전했던 일본을 미국이 완전히 굴복시킨 것과 같은 결과가 반복될 것이라는 생각이다. 이 시나리오는 중국의 성장 속도가 빠르고 미국 간 격차가 점차 줄어들어 왔지만, 중국 경제의 성장 속도가 둔화하고 있으며, 선도하는 미국을 모방하는 중국이 결코 뒤집을 수 없다고 말한다. 하지만 일부 타당한 주장에도 불구하고 미국의 뜻대로 되지는 않을 것이다. 중국이 더 이상 과거와 같은 빠른 속도로 성장하기는 어렵지만, 중진국의 함정에 빠져 성장이 끝났다는 '차이나 피크China Peak'도 과장되었다. 무엇보다 미국의 침체 역시 가속화하고 있다.

두 번째 실현 불가능한 시나리오는 30년 내로 중국이 미국을 추월한다는 것이다. 하지만 미국이 중국을 완전히 굴복시키는 것이 어려운 것만큼이나 중국이 미국을 추월해 세계 유일 패권국이 되는 것도 어렵다. 중국이 가진 약점과 한계점이 너무 많기 때문이다. 아직은 중국이 세계 패권이 될 능력은 물론이고 의지도 확실하지 않다.

30년 내 실현이 불가능한 세 번째 시나리오는 미국과 중국이 다시 협력이 가능한 동반자적 관계로 돌아가는 것이다. 하지만 양국은 이미 건널 수 없는 강을 건넜다. 무엇보다 미국이 중국을 패권 도전 국가로 단정했다.

이 세 가지 시나리오를 제외하면 자연스럽게 전망은 승자 없는 지속적인 소모전으로 이어진다. 미중 패권 경쟁은 많은 사람이 생각하는 것처럼 승자와 패자가 분명한 게임이 아니다. 충돌과 타협을 반복하며 양국은 주도권 쟁취와 국익을 확보하기 위한 긴 싸움을 할 것이다. 따라서 우리가 이 싸움을 미중의 '신냉전'이라고 보기 시작하면 함정에 빠지게 된다. 미소 냉전 구조처럼 둘 중 하나만을 선택해야 한다는 구도에 갇히게 되고, 미국이 소련에 승리했던 것처럼 중국에 승리할 수밖에 없다는 식의 논리에 빠진다. 그러나 미중 어느 쪽도 가까운 미래에 확실한 승리를 장담할 수 없기 때문에 우리는 이에 걸맞은 준비를 해야 한다.

트럼프는 중국에 악재가 아니라 호재다

세계 경제를 단기적인 추세가 아닌 역사적인 '빅 사이클Big Cycle'을 파악해 제대로 읽어야 한다고 설파하는 미국의 투자 전문가 레이 달리오Ray Dalio는 국가의 부상과 몰락, 부채의 팽창과 붕괴, 통화 신뢰의 붕괴 등이 일정한 흐름 속에서 이어진다고 말한다. 그는 자신의 책《변화하는 세계 질서》에서 로마, 영국, 미국을 거쳐 이제는 중국이 부상하는 과정을 하나의 역사적 패턴으로 설명했다. 현재 미국은 부채 증가, 중산층 몰락, 정치 양극화, 지정학적 리스크 증가 등으로 패권의 정점에서 하락 국면에 접어들었으며, 중국은 디지털 위안화, 글로벌 공급망 장악, 기술 주도권 확보를 통해 도전장을 내밀고 있다고 말한다. 그는 이 모습이 20세기 중반 영국과 미국의 패권 교체기와 유사하다고 설명한다. 달러에 대한 통화 신뢰도가 약화되고, 양적 완화와 정치 혼란으로 미국의 최대 장점 중 하나였던 국가 신뢰도가 필수적으로 하락한다는 것이다.

트럼프와 트럼피즘은 겉으로 보기에 중국을 압박하는 것처럼 보이지만, 정작 중국에 이는 장기적으로 볼 때 악재가 아니라 호재다. 트럼프는 지난 한 세기 동안 미국 패권의 위상을 유지하게 해준 시스템을 스스로 부정하며 무너뜨리고 있다. 미국의 가치와 규범이 더 이상 전 세계가 받아들이는 기준이 아니게 되었다. 물론 트럼프의 일방적 압박이 단기적으로는 미국의 이익에 득이 될 수 있다. 그러나 어느 순간 미국은 다른 국가들과의 협상에서 시간이 갈수록 과거와 달리 더 많은 협상을 해야 할 것이다. 미국의 절대적 리더십은 이제 다른 국가와 비슷한 위치에 놓이게 되어 리더보다는 참여자의 위상으로 하락할 것이다. 트럼프의 비합리적 행보는 과거 미국이 더 나쁜 국가들로 인해 상대적 정당성을 확보했던 것처럼 중국을 합리적 행위자로 여기게 만들어주는 역할도 한다.

이는 무역 분야에서 더 분명하게 나타나고 있다. 트럼피즘은 미국의 이익을 위해 자유무역의 부작용을 개선하는 정도가 아니라, 오히려 부정하면서 강도 높은 보호무역으로 대체하고 있다. 그 결과 세계무역 질서가 무너지고 있다. 미국의 핵심 자산인 동맹 및 우방국 네트워크가 흔들리면서 동맹국들은 미국에 대한 신뢰를 잃고 있다. 아직은 동맹국들이 미국이 가진 힘의 우위로 인해 미국의 요구를 수용하고, 미국의 심기를 건드리지 않기 위해 조심스럽게 행동하고 있다. 하지만 이런 상황이 지속될 경우, 장기적으로 동맹국의 대규모 이탈은 불가피한 일이다. 동맹국과 우방국에 대한 관세 압박으로 인해 대중 포위망의 집중력도 약화했다. 미국이 관세 협상을 시작하면서 1차로 압박한 나라가 캐나다와 멕시코였고, 2차로 압박한 나라가 한국과 일본, EU였다.

트럼프의 동맹 적대시 정책은 당장은 악영향이 나타나지 않을지 몰라도 장기적으로 미국 군사 패권의 아킬레스건이 될 수 있다. 미국은 세계에서 가장 많은 동맹국을 보유하고 있고, 이는 미국의 군사 패권 유지의 핵심축이다. 그러나 미국이 동맹국의 안보 무임승차를 집중적으로 부각하고, 동맹국에 관세 압박과 투자 강요까지 하면서 동맹 네트워크에 심각한 균열이 발생하고 있다. 트럼프 대통령은 전문직 외국인 노동자들에게 발급하는 장기 체류 취업 비자에 10만 달러라는 거액의 수수료를 부과하겠다고 했다. 돈 문제를 넘어 이것은 미국이 그동안 막강한 패권을 유지할 수 있었던 중요한 수단 중 하나를 훼손하는 것이다. 미국은 세계 최고 전문가들의 유입이 많고, 이를 통해 경쟁력을 유지할 수 있었다. 하지만 반이민 정책과 미국 우선주의, 그리고 돈에 미친 트럼피즘이 우수한 인력들의 유출을 부추길 것이다. 반면 중국은 반사 이익을 누리고 있다. 엄청난 인센티브를 제공함으로써 과거에 미국을 선택했던 세계 각국의 우수 인재들을 중국으로 끌어들이기 시작했다.

과거에 미국은 동맹국들과 공동전선을 이루어 대중 견제를 했으나, 이제 고삐는 약해질 수밖에 없다. 동시에 트럼프 1기를 교훈 삼아 철저하게 준비했던 중국은 트럼프 2기의 압박을 꽤 효과적으로 대처하고 있다. 중국이 보유한 희토류 등 필수 물질과 미국의 대중 무역 의존도로 인해 중국의 견고함만 확인되고 있다. 중국의 권위주의 체제에 의한 불공정 경쟁이라는 이슈는 수면 아래로 가라앉았다. 조 바이든 시기의 동맹 복원 전략과 '가치 연합'이 사라진 고립주의 경향의 MAGA는 중국 견제의 집중도를 떨어뜨렸고, 베이징은 그 빈틈만큼 지정학적 운신의 폭을 넓힐 수 있게 되었다. 한마디로 트럼프의 거래주의적 관점은 미국이 중국에 씌웠던 '국제 빌런'이라는 프레임을 약하게 만들었다.

시진핑의 전략은 "중국은 약한 곳은 피하고, 더 강한 곳에서 싸운다"라는 것이다. 시진핑은 금융, 서비스, 부동산보다 제조업을 국가 전략의 중심으로 삼았다. 제조업에 대한 지배 없는 패권은 불가능하다고 본 것이다. 제조업을 국가 전략의 중심축으로 고정하면서, 태양광·배터리·전기차·풍력·로봇·AI 등 신산업에서 시장 1위의 '초기 수요'를 신속히 만들어 곧바로 생산 1위로 간다는 전략이다. 초기 시장을 만드는 것부터 공급망을 장악하는 것, 그리고 국가와 기업의 협력까지 일사천리다. 동시에 내수 둔화와 부동산 구조조정에도 설비 투자를 밀어 넣으면서 공급과잉을 해결하고 있다. 특히 주목할 대목은 노동집약산업의 '탈노동화'다. 중국은 임금 상승으로 노동비용의 비교우위를 잃을 시점에 AI나 산업용 로봇을 투입해 비용 곡선을 다시 꺾는다는 계획이다. 2022년 전 세계 산업용 로봇 신규 도입의 절반 이상이 중국에 설치된 것은 우연이 아니다. 산업화 역사상 처음으로 노동비용 상승을 자본과 기술 투입으로 상쇄하는 국가가 등장했다. 이 구조에서 '포스트 차이나'의 등장은 지연되거나 아예 나타나지 않을 것이다. 일본에서 한국으로, 다시 한국에서 중국으로 제조업의 중심이 이동했던 것과는 달리, 인도나 아프리카의 각종 지표를 보면 중국을 추격하는 흐름과는 거리가 멀다.

물론 미국도 이 점을 감지했지만 이미 늦은 듯하다. 바이든도 돌아선 노동자의 마음을 잡기 위해 중산층을 위한 대외 정책을 표명했지만, 러스트 벨트 노동자의 마음을 돌릴 수 없었다. 이를 감지한 트럼프도 제조업 부활과 재산업화의 목소리를 높였지만 신기루에 가까운 불가능한 일이다. 한국이 자동차와 반도체를 만들다가 이제 와서 국가 주도의 경공업 중심으로 돌아갈 수 없는 것과 같다. 이미 고부가가치를 누리고 있는 금융과 서비스 산업이 있는데 제조업으로 돌아갈 이유도, 능력도 없는 것이다. 또 MAGA의 반이민 노선과 제조업 부활은 상충한다. 제조업 기술자와 전문가가 부족한 미국은 한국 등 해외에서 이들을 데려와야 하지만, 조지아주의 불법 이민 구금 사태에서 보듯 강력한 반이민 정책이 걸림돌이 될 것이다.

아테네와 미국

이번 장을 마치기 전에 트럼프의 미국과 역사 속의 아테네를 비교해보려 한다. 투키디데스가 쓴《펠로폰네소스 전쟁사》는 스파르타와 아테네의 패권 전쟁을 다룬다. 기존의 패권이 스파르타였고, 부상하는 도전자가 아테네였다. 이 책은 역사적 사실만 기록한 것이 아니라 국가이익, 동맹, 세력균형, 패권의 흥망성쇠를 다룬 국제정치학 최초의 교과서로 여겨지는 명저다. 오늘날 세계의 축소판 같은 그리스 도시국가의 권력과 국익에 관한 역학을 분석한 투키디데스는 현실주의 국제정치 이론가 족보에서 이름이 가장 먼저 나오는 사람, 즉 현실주의 이론의 조상쯤으로 간주된다.

페르시아 전쟁(기원전 499~449)은 페르시아제국의 팽창에 맞서 그리스 도시국가들이 자국의 해상 생존권을 확보하기 위해 벌인 전쟁이었다. 스파르타의 리더십으로 그리스 도시국가는 해상권을 유지할 수 있었는데, 아테네가 이를 잘 활용해서 해상 무역으로 급격하게 성장했다. 이후 아테네는 150여 개 도시국가를 묶어 델로스 동맹을 결성했다. 명분은 페르시아의 재침공에 대한 대비와 해상 무역권 보호를 위한 동맹이었지만, 실제로는 스파르타에 도전해 패권을 노리는 것이었다. 문제는 민주주의가 꽃피는 통상 국가로 성장한 아테네가 패권을 위해 동맹국들에 공납금을 바치도록 강제했다는 것이다. 투키디데스는 아테네의 이러한 동맹국에 대한 강압 통치를 두고 "강자는 할 수 있는 일을 하고, 약자는 감내할 뿐이다"라며 아테네의 제국적 오만을 지적했다.

아테네가 자랑하던 민주주의도 실제로는 문제투성이었다. 아테네 인구 30만 가운데 실제 정치에 참여한 시민은 기껏해야 10%에 불과했고 여성, 외국인, 노예 등은 정치에서 제외됐다. 지도자 선출 기준도 도덕성과 행정 능력보다 선동이 더 중요했다. 바로 이 시기의 아테네에서 소크라테스가 소피스트를 꾸짖었다. 제국의 겉모습은 그럴듯했지만, 내부 민주정은 이미 균열이 시작되었다. 파당 정치가 판치고 동맹국 수탈에 의존하던 아테네의 모습이 오늘날 미국의 모습과 비슷하다. 아테네가 델로스 동맹국을 상대로 공납금을 증액하고 군사·정치적 자율성을 박탈했던 방식과 트럼프의 동맹국에 대한 압박은 기묘할 만큼 닮았다. 패권의 외피를 두른 수탈 구조, 협상 대신 압박, 연대 대신 복속. 아테네의 오만이 현대의 관세·투자 강요라는 방식으로 되살아난 셈이다.

그런데 미국의 이런 행보는 아테네의 운명이 그랬던 것처럼 부메랑으로 돌아올 가능성이 크다. 관세 폭등은 미국의 수입 물가를 끌어올려 인플레이션 압력을 키울 것이고, 미국의 제조업은 부활은커녕 실업률이 증가하고 기업들의 경쟁력은 하락할 것이다. 미국 역사상 관세 인상을 통한 보호무역이 성공한 사례는 단 한 차례도 없었다. 지금도 좋지 않은 미국의 재정 적자는 더욱 악화할 것이다. 신자유주의 이후 중산층이 무너지고 빈부 격차가 심해져 미국의 지니계수는 브라질이나 멕시코에 육박하는 수준이다. 자국 제조업 역량이 부족한 상태에서 트럼프의 관세 정책이 장기화할 경우, 미국의 빈부 격차가 앞으로 인도나 중국 수준으로 심화할 것이라는 전망도 있다. 대영제국 이후 영국의 전철을 밟을 가능성이 매우 크다. 물론 영국이 아직 강대국으로 남아 있듯이 미국도 빈곤국으로 추락하지는 않겠지만 패권 약화는 시간문제다.

지금은 동맹국들이 미국의 압박에 순응하는 것처럼 보여도, 결국 한계점에 다다라 미국은 신뢰 자본을 잃고 전체 동맹 시스템을 이전처럼 유지할 수 없게 될 것이다. 동맹국을 약탈하는 패권국을 파트너로 삼고 싶은 나라는 없을 것이다. 대신에 미국을 제외한 연대가 생겨날 것이고, 중국과의 연대로 노선을 변경하는 국가들이 많아질 것이다. 그렇게 되면 미국 패권의 영향력은 쇠퇴할 수밖에 없다. 아테네가 동맹국들의 반발과 이탈 끝에 펠로폰네소스 전쟁에서 패배했듯이, 미국도 장기적으로는 무너질 수밖에 없다. 역사는 말한다. 힘으로는 잠시 지배할 수 있으나, 협력을 거부하면 고립과 몰락을 피할 수 없다.

3장

불량 제국과 트럼피즘

너무도 어두웠던 세계화의 그늘

앞 장에서 냉전 종식 이후 가속화한 세계화가 민주주의, 자유무역, 그리고 국제 협력의 시대를 열었다고 설명했다. 팍스 아메리카나와 신자유주의 체제는 국제질서의 안정과 엄청난 부를 약속하는 것처럼 보였다. 하지만 살펴본 것처럼 세계화의 약속은 9·11 테러 사태, 금융위기, 팬데믹, 각종 전쟁과 난민 사태를 거치면서 불평등과 불안으로 바뀌었다. 사람들은 이제 '국가 정체성'이라는 보호막을 다시 찾기 시작했고, 활짝 열었던 '국경'을 다시 닫아야 한다는 주장에 힘이 실렸다. 미국에서는 트럼피즘, 그리고 남미에서도 이와 유사한 극우 포퓰리즘이 서로 약속이나 한 듯이 동시다발로 분출했다. 뿐만 아니라 이탈리아의 조르자 멜로니Giorgia Meloni, 프랑스의 마린 르펜Marine Le Pen, 독일의 '독일을 위한 대안AfD', 헝가리의 빅토르 오르반Viktor Orban, 튀르키예의 레제프 타이이프 에르도안Recep Tayyip Erdoğan, 인도의 나렌드라 모디Narendra Modi가 국민의 지지를 얻고 있다. 사람들은 더 이상 세계화의 낙관주의를 믿지 않게 되었다. 불안은 분노로, 분노는 정체성의 정치로 변질되었다. '이민자와 난민으로부터 우리의 일자리를 지키자', '국경을 지키자', '정체성과 문화를 지키자' 등과 같은 선동적인 구호들이 그 빈자리를 채우고 있다.

여러 국가에서 동시다발적으로 분출한 불안과 분노의 극우 포퓰리즘은 서로의 전략을 공유하고, 가짜뉴스와 혐오 담론을 퍼뜨리며 국제화되었다. 인터넷 알고리즘은 같은 부류의 사람들을 함께 묶어줌으로써 자신들이 세상의 주류라는 느낌을 주고, 서로 '좋아요'를 누름으로써 공감대를 형성한다. 20세기 히틀러식 파시즘이 거리와 광장에서 시작되었다면, 오늘날의 극우 포퓰리즘은 전 세계인의 손가락에서 시작되었다. 물론 극우의 선동이 먹히는 시대가 되도록 불안한 민중의 삶을 개선하지 못한 기성세대, 특히 진보 세력의 책임을 반드시

되짚어봐야 한다. 사람들의 삶을 개선하지 못하는 진보의 정의는 위선이자 공허한 이상에 불과했고, 그 빈틈을 극우가 파고든 것이었다.

불평등, 전쟁, 경제 위기, 정치 불안 등 거의 모든 국가가 당면하고 있는 현안들은 그야말로 난제들이며, 개선을 위해 오랜 시간과 많은 에너지가 투입되어야 한다. 더욱이 이런 문제들은 국내 정치의 진영 갈등을 유발하면서 국민의 불만과 불안을 가중한다. 이런 상황에서 극우 포퓰리즘은 문제해결에 나서기보다 특정 정치 세력이나 집단에 책임을 전가하는 방법을 애용한다. 기성 질서에 대한 분노, 소수자에 대한 배제, 난민이나 이민자에 대한 혐오, 타자에 대한 배제, 자국 우선주의 등이 단골 메뉴다. 극우 포퓰리즘은 불평등이 만든 분노를 선동하여 증오로 만들고, 그 증오를 권력 획득과 유지의 땔감으로 사용한다. 권력을 잡기 전에는 기득권을 비난하며 성장하지만, 권력을 잡은 후에는 소수자와 정적을 권력으로 탄압한다.

트럼프는 오늘날 극우 준동의 상징이자 핵심 사례다. 트럼피즘은 극우 준동의 원인이자 촉매이며, 또한 결과라고 할 수 있다. 트럼피즘은 도널드 트럼프 한 개인이나 그의 정치 스타일을 넘어, 미국의 국내외 정치

질서는 물론이고 세계 질서의 변동과 연결되어 있다. 트럼프는 기성 질서와 일반 국민의 적대적 구도를 강조하고, 자신은 일반 국민을 대신해서 기성 질서와 싸운다는 프레임을 만든다. 트럼프는 주류 정치인, 주류 언론, 전문가 집단, 글로벌 기업 등을 기성 질서의 핵심으로 설정하고, 이들이 부패한 기득권이며 '정치적 올바름Politically Correct'을 강조하는 위선으로 포장되어 있다고 신랄하게 공격했다. 특히 오바마나 힐러리 등 민주당 주요 정치인들이 1회 강연에 수만에서 수십만 달러를 받고, 고급 호텔의 스카이라운지에서 칵테일을 마시면서 미국 중산층이나 노동자의 이익을 대변하는 척한다고 비판했다. 이러한 맥락에서 미국에서는 한국에서 유행했던 말인 '강남좌파'와 유사한 '칵테일 좌파Cocktail Left'라는 말이 유행했다.

트럼피즘은 체계적인 이념이 아니다. 대중의 불만과 분노를 선동해 정치적 운동이나 에너지로 전환한 것이다. 그 핵심에는 '엘리트에 대한 분노와 불신', 즉 반엘리트주의가 자리한다. 2016년 대선 당시 트럼프가 애용했던 구호 중 하나가 "워싱턴의 늪을 말리겠다drain the swamp"였는데, 이는 트럼피즘의 특징을 정확하게 담고 있다. 이 문구를 트럼프가 처음 사용한 것은 아니다.

역대 정치인들이 정부나 정치체제의 부패한 기득권 세력을 타파하자는 뜻으로 자주 사용했다. 원래는 질병을 옮기는 모기를 박멸하기 위해 실제 늪의 물을 모조리 빼야 한다는 의미로 사용된 말이다. 트럼프가 이 구호를 사용하면서 엘리트 정치에 대한 미국 중산층의 혐오와 피로감을 겨냥했고, 자기 같은 사람이 나서서 싹 갈아엎어야만 과거의 영광스러운 미국으로 부활할 수 있다는 주장이 힘을 얻었다. 정치적 경험이 부족한 트럼프의 약점은 오히려 기성 질서에 물들지 않은 아웃사이더의 상징성을 더욱 확실하게 만드는 장점이 되었다. 트럼프는 오바마나 바이든으로 대표되는 민주당 정부라는 기성 질서에 대항하는 것뿐만 아니라 공화당 내의 주류와도 구별되는 이미지를 키워나갔다.

트럼프 진영의 여섯 파벌

2025년 8월 《워싱턴 포스트》 백악관 출입기자 나탈리 앨리슨Natalie Allison은 트럼프 진영의 여섯 파벌을 조사한 탐사 보도를 했다. 그녀는 트럼프 연합이 트럼프에 대한 충성심과 지지로 묶여 있으나 이민, 관세, 정부 예산 삭감, 낙태 등 이슈별 정책 차이로 인해 내부 갈등을 내재하고 있는 구조라고 주장했다. 트럼프 정부의 다양한 구성이 폭넓은 지지를 유지할 수 있는 비결일지, 아니면 향후 결정적 분열의 원인이 될지 주목된다고 기사에 썼다. 지금부터 트럼프 진영의 여섯 파벌에 대해 간단히 소개하려 한다. 물론 여섯 개 파벌 간 경계가 불분명하기도 하고, 한 인물이 여러 파벌에 속할 수도 있다. 예를 들어 J.D. 밴스 부통령은 당의 포퓰리스트 진영을 대표하지만 동시에 테크 우파와도 밀접한 연관성을 지닌다. 린지 그레이엄Lindsey Graham 상원의원은 전통적 공화당원이지만 낙태 반대 법안에서 종교 우파의 핵심 동맹이기도 하다. 나탈리 앨리슨이 분류한 트럼프 진영의 파벌은 다음과 같다.

(1) MAGA 포퓰리스트

먼저 가장 주류인 MAGA 포퓰리스트다. 밴스 부통령, 스티브 배넌Steve Bannon, 로라 루머Laura Loomer 같은 인물이 여기에 속해 있다. 노동 계층을 지지하고 반이민과 반개입주의 성향을 보이는 트럼프 대통령의 가장 확실한 정치적 기반이다. 이들은 MAGA 모자와 트럼프의 얼굴이 새겨진 티셔츠를 입고 춥건 덥건 몇 시간 동안 밖에서 트럼프 지지 집회에 참석하는 지지자들이다.

MAGA 유권자들은 트럼프의 관세 정책을 지지하며, 이것이 미국의 제조업 일자리를 늘릴 것이라고 믿는다. 이들은 대부분이 우익 미디어를 꾸준히 소비한다. 바이든이 승리했던 2020년 선거가 도둑맞았다는 주장에 찬성하는 경향이 높다. 이들은 반엘리트주의자로 양당의 기득권 부패를 혐오한다. 그래서 미성년자 성매매 혐의로 기소된 제프리 엡스타인Jeffrey Epstein 사건에 대해 트럼프가 정보를 제대로 공개하지 않는 것에 격분한다. 찰리 커크Charles Kirk의 '터닝 포인트 USATurning Point USA, TPUSA'나 배넌의 '워룸War Room' 같은 단체들은 공화당 정치인들에게 충분히 'MAGA적'이지 못하다고 자주 비판한다.

(2) 전통적 공화당원

두 번째는 전통적 공화당파로 린지 그레이엄 상원의원이나 조지아주주지사 브라이언 켐프Brian Kemp 등이 속해 있다. 노조와 가까워지고 부유층에 대한 세금을 인상하자는 MAGA 포퓰리스트의 주장을 지지하지 않는다. 전통파는 공화당의 전통적인 친기업주의를 유지해야 한다며 부자 감세는 성공시켰지만, 관세 반대에는 실패했다. 전통파는 군사 분야를 제외하고는 대체로 자유 시장과 자유무역, 낮은 세금, 작은 정부를 지지한다. 또한 포퓰리스트 계열보다는 반이민적이지 않으며 해외 군사 개입을 지지한다. 트럼피즘 정치인들은 전통적 공화당원들이 기득권에 머무르면서 트럼프에 대한 영향력을 상실하고 있다고 비판한다. 하지만 이 계열에 속한 많은 거액 기부자들은 여전히 트럼프에게 중요하다. 이들 역시 주요 의제에서 승리를 거두었는데, 특히 트럼프 입법 패키지의 핵심 요소였던 2017년 감세 정책의 지속이 대표적이다.

(3) 자유지상주의자

세 번째 그룹은 자유지상주의에 입각하여 소규모 정부를 지향하는 강경파들로서 테드 크루즈Ted Cruz, 론 디샌티스Ron DeSantis, 랜드 폴Rand Paul 등이 여기에 속한다. 켄터키주의 랜드 폴 상원의원과 토머스 매시Thomas Massie 하원의원은 연방 적자를 악화시킬 것이라는 이유로 트럼프의 '하나의 거대하고 아름다운 법안One Big Beautiful Bill'•을 지지하지 않아 트럼프의 표적이 되었다. 또한 플로리다주의 론 디샌티스 주지사는 2008년 버락

• 트럼프 2기의 핵심 의제를 담은 대규모 감세·지출·세제 법안이다.

오바마 대통령 당선과 그해 금융위기 이후 세력을 얻은 티파티 운동Tea Party movement에 뿌리를 두고 있는데, 정부 지출을 늘리는 데 강하게 반대한다. 이들은 사회문제에 대해 압도적으로 보수적이지만, 핵심 관심사는 지출 문제에 있다.

(4) 종교 우파

네 번째는 종교적 우파 세력으로 대표적인 인사는 마이크 존슨Mike Johnson과 랠프 리드Ralph Reed다. 종교 우파는 2022년 낙태를 허용한 기존의 대법원 판결을 뒤집는 데 큰 역할을 했다. 첫 임기 당시 트럼프는 종교 우파가 자신에게 대통령직을 안겨줬다고 공을 돌린 바 있었으나, 트럼프 1기 때에 비해 두 번째 임기에서는 다소 영향력이 떨어져 보인다. 예를 들어 2024년 반낙태 운동가들은 트럼프에게 전국적 낙태 제한을 수용하도록 압박했으나, 그는 해당 문제를 주 정부에 맡기길 원한다며 거부했다. 그러나 복음주의 개신교 및 보수 가톨릭 인사들은 여전히 트럼프의 정책 결정에 핵심적인 역할을 하고 있다. 루이지애나 출신 하원의장 마이크 존슨은 독실한 남침례교 신자로 사회보수주의자들의 강력한 대변인이다. 오클라호마 출신 제임스 랭포드James

Lankford 상원의원 역시 의회에 진출하기 전 수년간 남침례교 목회자로 활동한 저명 인사다. 사회보수주의자들의 지지는 2024년 트럼프가 히스패닉 유권자층에서 지지율을 끌어올리는 데 기여했다.

(5) 테크 우파

다섯 번째 그룹은 테크 우파 세력이다. 일론 머스크, 마크 앤드리슨Marc Andreessen, 데이비드 색스David Sacks 등이 여기에 속한다. 일론 머스크는 트럼프와 서로 결별하기 전까지는 트럼프 지지로 돌아선 테크 업계 최고 경영자들 중에 선두 주자였다. 머스크는 2024년 선거에서 트럼프에게 약 2억 9,000만 달러를 쏟아부었다. 그러나 2025년 6월 머스크와 트럼프의 화려한 공개 결별 이후, 다른 테크 업계 최고 경영자들이 그 공백을 메우기 위해 경쟁하고 있다. 실리콘밸리의 상당수는 여전히 민주당을 지지하고 있지만, 2024년 테크 우파에 대한 지지가 급증했다. 이후 AI, 암호화폐 등 분야의 테크 우파 인사들은 표현의 자유를 옹호하며 대형 테크 기업과 소셜 미디어 기업에 대한 정부의 검열 행위를 강력히 비판해왔다. 이들은 또 AI, 생명공학, 암호화폐에 대한 규제를 완화해 중국과의 경쟁에서 우위에 서야 한다고 말한다. 테크 우파는 MAGA 포퓰리스트들과 자주 충돌하며, 고숙련 이민자들을 미국에 더 많이 받아들이는 문제를 놓고 대립한다. 트럼프 2기 취임 직전, 저명한 테크 리더들과 로라 루머가 이 문제로 갈등을 빚었지만, 밴스 부통령이 양 진영 사이의 가교 역할을 시도했다. 메타의 마크 저커버그, 오픈AI의 샘 올트먼 등 일부 실리콘밸리 최고 경영자는 2024년에는 트럼프를 지지하지 않았으나, 이후 그의 환심을 사기 위해 노력하고 있다.

(6) MAHA주의자

마지막 그룹은 MAHA주의자 및 전향한 구 민주당원들로, 대표적으로 털시 개버드Tulsi Gabbard나 로버트 F. 케네디 주니어Robert F. Kennedy Jr. 등이 있다. 이들은 2024년 민주당과 더 이상 입장을 같이하지 않는다며 공화당으로 전향했고, 트럼프 2기 행정부의 요직에 등용된다. 그들은 민주당이 '워크주의wokeism'•에 빠졌다는 점을 포함해 다양한 이유를 제시하며 비판했다. 그중 케네디는 '미국을 다시 건강하게Make America Healthy Again, MAHA'

• 원래 사회적 불의와 차별에 '깨어 있는' 의식을 뜻했지만, 최근에는 과도한 정치적 올바름(PC주의), 이념 강요, 검열과 캔슬 컬처Cancel Culture를 포함한 진보 진영의 극단적 문화 운동을 비판하는 용어로 쓰인다.

운동의 상징이 되었다. 그를 지지한 다수는 백신 접종에 대한 회의론, 식품 내 화학물질 우려, 제약사 비판, 그리고 미국의 비만 및 만성질환 문제를 제기한다. 이들과 MAGA 진영 사이의 긴장은 주기적으로 대두되었는데, 예를 들어 로라 루머는 케네디가 임명한 일부 주요 인사들의 민주당 배경을 문제 삼아 공격했다. 다른 주목할 만한 대중문화 인사들도 2024년 처음으로 트럼프를 지지했으나, 공화당의 영구적 구성원이 되겠다는 뜻은 아니라며 선을 분명히 그었다. 조 로건Joe Rogan, 데이브 포트노이Dave Portnoy 같은 팟캐스트 및 SNS 인플루언서들은 트럼프가 해리스보다 더 나은 선택이라고 말했으나, 그가 취임한 이후 비판과 찬사를 동시에 쏟아내고 있다.

트럼피즘의 세 기둥

《뉴욕 타임스》는 트럼프 2기가 출범한 지 50일이 되는 날 사설에서 트럼프 대통령이 미국이 2차 세계대전 승리 이후 80년 동안 공들여 쌓아 올린 국제 체제의 기반을 단 50일 만에 무너뜨렸다고 썼다. 최초로 자유주의 국제 질서를 만들고, 유지해온 미국은 왜 스스로 이 질서를 무너뜨리려고 할까? 트럼프는 노선 변경을 공식 선언하거나 전략적 근거를 제시하지 않은 채, 러우 전쟁에서 미국의 기존 입장을 바꿔 러시아를 침략자로 규정한 유엔 결의안을 부결시키기 위해 미국의 동맹국과 우방국에 투표하도록 지시하는 데 주저하지 않았다. 파나마 운하 운영권 확보, 덴마크령인 그린란드 병합 의지 표명, 가자 지구 장악 의지 표명, 베네수엘라 침공, 그리고 가장 놀랍게도 캐나다를 미국의 51번째 주로 만들겠다고 위협하는 등 그야말로 약탈적 행태를 보이고 있다.

(1) 반세계화

그렇다면 트럼피즘의 동기는 무엇이고, 미국 내에서 열광적인 지지를 확보한 이유는 무엇일까? 한마디로 말하자면 자유주의 국제질서가 미국 기성 질서의 위선으로 유지되고 있으며, 이는 미국에 하등 이익이 되지 않고 오히려 손해를 끼치므로 거부해야 한다는 것이다. 이러한 주장이 열광적 지지를 얻는 배경에는 미국의 패권이 하락하고 있다는 점과 미국 내 백인의 주도권이 쇠퇴하고 있다는 것에 대한 공포와 불안이 자리 잡고 있다. 미국이 망해가고 있다는 인식은 미국을 부흥

시켜야 한다는 호소에 힘을 실어주었다. 트럼프가 자유주의 국제질서를 무너뜨리려는 것은 단순하게 그의 독특한 성격이나 일탈성 행동 때문만은 아니다. 트럼프의 즉흥적이고 광기 어린 행보는 많은 경우 겉으로만 드러낸 모습일 뿐이며, 매우 치밀하게 계산된 행동일 때가 많다.

트럼프에게 세계화된 질서란 미국 내 엘리트와 외국인이 합작해서 만든 불평등한 구조를 상징한다. 그는 세계화가 미국의 분열과 갈등을 조장했다고 말한다. 특히 서비스와 금융 산업의 엄청난 이윤을 위해 제조업이 러스트 벨트로 전락하고, 노동자들은 실직과 빈곤의 늪에 빠져버렸다고 분석한다. 트럼프는 글로벌화의 패자들의 편에 서서 국내 기득권을 무너뜨리고, 미국을 이용해 불공정하게 이익을 챙긴 국가들에 벌금을 물리겠다고 이야기한다. 특히 미국의 동맹국 및 우방국들이 안보에 무임승차하고, 미국의 시장을 마음껏 활용해 돈을 벌어가면서 불공정한 무역을 하고 있다고 진단한다. 이것이 트럼프가 동맹국과 우방국에 우선적으로 관세와 안보 분담금을 부과하는 이유다. "더 이상의 공짜 점심은 없다There is no more free lunch!"는 것이다.

자유무역 체제에 대한 트럼프의 반감은 명백하

다. 트럼프는 다자 무역체제를 지탱하는 세계무역기구 WTO가 중국의 성장만 돕고 미국의 쇠락을 조장했다며 집권 1기 때부터 무력화 작업을 했다. 집권 2기 들어서는 전 세계 국가를 상대로 관세를 부과하며 자국 보호주의 노선을 강화하고 있다. 이런 맥락에서 그는 2025년 G7 일정을 축소하고, APEC에 참석하는 것에 대해서도 심드렁했다. APEC은 아시아·태평양 지역 무역자유화를 확산하기 위한 기구라는 점을 고려할 때 트럼프가 지지하기는 어렵다. 트럼프는 오히려 그곳에서 시진핑이나 김정은, 새로 취임한 다카이치 사나에 일본 총리를 만나는 것을 더 흥미롭게 여겼다.

2025년 9월 트럼프는 자신이 그토록 경멸하는 유엔에서 연설했다. 유엔은 미국이 주도해온 국제기구를 통한 글로벌 거버넌스 협력의 상징이었다. 6년 만에 연단에 선 트럼프는 유엔의 존재를 부정하고, 정당성을 비판했다. 과거 부동산 개발자 시절 유엔본부 리모델링 입찰에 참여했던 경험을 소개하며 유엔이 얼마나 막대한 예산을 낭비하는 비효율적이고 부패한 조직인가를 묘사했다. 유엔총회에서 정상 연설은 통상 15분 안팎으로 권고하고 있지만, 그는 1시간 가깝게 연설을 이어갔다. 기후변화는 세계 최대의 사기극이며, 몰려오는 이민을 통제하지 못하는 국가는 실패할 것이고, 지옥에 떨어질 것이라는 막말을 쏟아냈다. 트럼프는 연설 시간의 거의 절반가량을 자신과 그의 행정부에 대해 언급했는데, 그 내용의 대부분이 자화자찬이었다.

(2) 인종주의와 혐오

트럼피즘의 두 번째 차원은 인종주의다. 트럼프는 미국 현대 정치에서 인종주의와 혐오를 정치의 중심으로 끌어올린 인물이다. 2016년 대선 출마 선언에서부터 멕시코 이민자들을 범죄자와 강간범으로 규정하며 혐오 정치에 불을 붙였다. 이후 당선되자마자 곧바로 무슬림의 미국 입국을 금지했고, 이민자와 소수 인종을 국가안보에 대한 위협으로 간주했다. 민주당을 포함한 기성 질서는 미국의 다문화와 개방 문화라는 정치적 올바름의 덫에 갇혀 위선을 저지른다고 비난한다. 트럼프는 인종주의를 대놓고 밝히지도 않지만, 철저하게 숨기려 하지도 않는다. 1기 정부 당시, 멕시코 인접 국경에 장벽을 건설했고, 난민과 비백인 이민자의 입국을 제한했다. 2017년 8월 버지니아주 샬러츠빌에서 벌어진 KKK를 비롯한 백인 극우 단체에 의한 유혈 사태 때 트럼프는 그들을 두둔하는 발언으로 논란을 일으켰다. 2024년 말

대선 국면에서도 푸에르토리코를 "떠 있는 쓰레기 섬"이라고 부르며 "아이 만드는 것만 좋아한다"는 저속한 비난을 쏟아냈다. 또한 대선 경쟁자였던 카멀라 해리스를 향해서는 인도계인지 흑인인지 모르겠다는 식으로 인종차별적인 언급을 했다. 그는 첫 임기 동안 조지 플로이드 사망 사건•으로 촉발된 흑인 인권운동인 '흑인의 생명도 소중하다Black Lives Matter' 시위대를 폭력적으로 진압했다. 그러나 백인 민병대의 무장 시위는 "애국적인 행동"이라며 사실상 면죄부를 줬다.

트럼프 2기는 더 강경한 인종차별과 반이민 정책을 펼치고 있다. 트럼프는 2025년 11월 27일 자신이 설립한 SNS 플랫폼 '트루스소셜Truth Social'을 통해 "미국 체제가 완전히 회복될 수 있도록 제3세계 국가로부터의 이민을 영구적으로 중단하겠다"고 말했다. 바이든 행정부가 불법으로 입국시킨 수백만 명을 모두 추방하고, 미국에 도움이 되지 않거나 국가를 사랑하지 않는 사람들도 이후 모두 추방한다는 것이다. 그 후 실제로 미국 입국 금지 대상 19개국 출신 이민자들이 낸 각종 이민

• 2020년 5월 25일 미네소타주 미니애폴리스에서 경찰이 흑인 남성 플로이드를 무릎으로 목을 눌러 질식사시킨 사건으로, 경찰의 과잉 진압과 인종차별에 대한 전국적 시위를 촉발했다.

신청의 처리를 중단했다.•

트럼프의 인종차별은 계산된 전략이기도 하다. 미국을 건국했던 백인들이 전체 인구에서 차지하는 비율이 점점 줄어들어 거의 과반수 아래로 떨어지려는 상황이다. 백인 중하층의 분노와 불안, 위기의식을 정치적 자산으로 전환하는 방법을 트럼프는 누구보다 잘 알았고, 그 수단으로 인종 혐오를 사용했다. 미국은 백인이 압도적인 주류를 형성하고 있을 때는 유색인종이나 이민자들이 들어와 아메리칸드림을 이루는 것을 다양성으로 포장하면서 미국 포용력의 상징으로 사용했다. 또 이민자들도 미국의 대표적인 경제 발전에 크게 공헌했다. 하지만 이제는 이민자들에게 미국 쇠퇴의 책임을 전가하고 있다. 미국의 대표적인 언어학자 노엄 촘스키 Noam Chomsky 박사는 자신의 책 《여론조작》에서 서구의 지배계급이 자본주의 위기 상황에서 자신들에게 쏟아지는 비난을 전가하기 위해 이슬람 이민자들을 비난했다고 주장한 바 있다.

• 이란·예멘·아프가니스탄·미얀마·차드·콩고공화국·적도기니·에리트레아·아이티·리비아·소말리아·수단 등 12개국이 미국 입국 금지 대상국으로 분류되었고, 부룬디·쿠바·라오스·시에라리온·토고·투르크메니스탄·베네수엘라 등 7개국은 부분 제한국으로 지정됐다.

이러한 인종차별은 미국뿐만 아니라 전 세계를 휩쓸고 있는 문제다. 유럽의 경우 경제 위기의 책임을 난민에게, 한국의 경우 상대적으로 덜하지만 탈북민이나 중국 동포, 또는 페미니즘 운동가나 좌파 진영에 덮어씌운다. 트럼프는 재선에 성공한 직후 백악관 참모와 행정부 장관들을 대부분 백인으로 채웠다. 여기에는 미국에서 위협받는 백인의 주도권을 다시 잡겠다는 인종주의가 깔려 있다. 즉 미국의 주인은 백인인데 유색인종이 이를 빼앗아 가려 한다는 프레임을 강조한 것이고, 여기에 백인들이 엄청나게 호응했다.

극우적 인종차별이 도를 넘는 트럼프의 행보에서 얼핏 아돌프 히틀러가 보인다는 지적이 많다. 물론 인류 역사상 최악의 전쟁을 일으키고 대학살을 저지른 자를 트럼프와 비교하는 것은 조심스럽다. 하지만 두 사람의 민주주의에 대한 태도, 대중 동원 방식, 그리고 무엇보다 백인 인종주의 등에서 섬뜩한 유사성이 발견된다. 과거 히틀러도 독일의 경제 불황과 땅에 떨어진 백인 민족주의의 절망을 교묘하게 이용해서 '위대한 독일의 회복'을 부르짖었다. 트럼프의 MAGA 역시 불안과 좌절을 정치적 선동의 땔감으로 사용한다. 히틀러가 독일의 비극에 대한 책임을 유대인에게 전가했다면, 트럼프는 이민자와 유색인종, 무슬림이 오늘날 미국을 이렇게 만든 장본인이라고 규정한다. 혐오와 차별의 정치는 히틀러와 트럼프를 잇는 연결고리다.

트럼피즘과 인종주의의 연결고리에서 일론 머스크는 꼭 짚고 넘어가야 하는 인물이다. 머스크는 테슬라 전기자동차부터 인류의 화성 이주를 꿈꾸는 스페이스X, 그리고 AI·뇌과학에 이르기까지 21세기 기술 혁신의 아이콘이다. 동시에 그는 두 번째 트럼프 집권의 일등 공신이었다. 무려 4,000억 원에 가까운 선거 자금을 기부했고, 트럼피즘의 최고 지지자이자 조력자였다. 그러나 집권한 지 채 6개월도 되지 않아 인사 개입 문제와 감세 정책에 대한 머스크의 신랄한 비판이 문제가 되어 결별했다. 미국의 평론가들은 머스크를 가리켜 디지털 시대의 나치 권력자라고까지 부른다. 머스크는 트위터(현 X)를 인수할 때만 해도 표현의 자유를 내세웠지만, 인수 후에는 혐오 발언과 음모론, 극우 계정들의 복귀를 허용했다. 그 결과 인종차별과 성차별, 반유대주의 발언이 범람하게 되었다. 반대로 자신의 구미에 맞지 않는 여론은 좌파로 낙인찍고 통제하려 한다. 머스크는 트럼프처럼 반엘리트주의를 이야기하지만, 그의 경영이나 공직에서의 행보는 매우 권위주의적이었다.

일론 머스크는 트럼프의 취임 축하 행사 중에 연설하면서 나치식 경례를 하는 충격적인 행동을 했다. 머스크는 오른손을 가슴에 얹고 손가락을 벌린 후, 손가락을 모아 손바닥을 아래로 향하게 하여 오른팔을 대각선으로 뻗었다. 파시즘을 연구하는 뉴욕대학교 역사학 교수 루스 벤기앗Ruth Ben-Ghiat은 일론 머스크의 몸짓이 매우 호전적인 나치 경례라고 했다. 알다시피 독일에서는 나치 경례를 포함해 나치의 상징을 사용하는 것을 법으로 엄격하게 금지하고 있다. 최근 독일 국회의사당 앞에서 히틀러 경례를 흉내 내며 기념사진을 찍던 중국인 관광객 2명이 현장에서 체포되었고, 이적 단체의 상징을 사용했다는 혐의로 각각 500유로씩 고액의 벌금이 부과됐다.

(3) 반민주주의

트럼피즘의 세 번째 기둥은 독재를 향한 열망과 반민주주의다. 트럼프는 대통령이 된 뒤 하루 동안 독재자가 되고 싶다고 하거나, 헌법상 불가능한 3선 대통령이 되고 싶다고 발언한 적이 있다. 물론 트럼프는 민주적인 선거 절차로 대통령이 되었지만, 그의 정치 행보는 매우 권위주의적이다. 그의 정치적 언어와 행동 방식은 전형적인 독재자와 닮았다. 행정명령을 남발하며 의회의 입법권을 무력화하고, 사법부의 판단을 공개적으로 비난하며, 언론을 '국민의 적'이라 부른다. 트럼프는 자신이 패배한 2020년 대선이 부정선거였다며 불복했고, 2021년 1월 6일 그의 지지자들이 미 국회의사당을 습격했을 때, 트럼프는 사실상 폭력을 부추겼다. 히틀러도 합법적으로 권력을 잡은 후, 의회를 무력화하고 사법부를 장악한 바 있었다.

트럼프는 자신을 지지하는 사람들만 국민이고, 반대하는 사람들은 국민이 아닌 것으로 취급한다. 트럼프는 1기 행정부부터 지금까지 거의 모든 대통령 지지율 조사에서 50퍼센트를 넘기지 못했다. 지지율이 절반 이하인 것보다 중요한 것은 트럼프가 지지율이 50퍼센트를 넘길 필요가 없다고 생각한다는 점이다. 그는 미국 전체 국민의 대통령이 될 생각이 없다. 그는 자신을 열렬하게 지지하는 사람들을 투표장에 모을 수 있다면 그것만으로 충분하다고 생각한다. 그의 언어들은 거짓 정보, 음모론, 인종주의, 반지성주의, 진영 대결의 이분법이 지배한다. 트럼프의 정치적 본질은 절차적 민주주의의 외피를 입은 반민주적 권위주의다. 그는 법과 제도의 형식을 갖춰 행동하는 것처럼 위장하지만, 실제로는 법과 제도를 권력의 도구로 삼는다. 정부 요직을 임명할 때도 전문성이나 국민 대표성보다 자신에 대한 충성도를 기준으로 삼는다.

2026년의 벽두, 미국에서 일어난 비극적인 사건은 전 세계를 충격에 빠뜨렸다. 세 자녀의 어머니인 30대 백인 미국인 여성 르네 니콜 굿과 30대 백인 미국인 남성 간호사 알렉스 프레티가 이민세관단속국ICE 요원의 과잉 진압으로 무자비하게 살해당한 것이다. 그런데 트럼프 정부는 피해자들을 테러리스트로 규정하고, ICE 요원들은 애국자라고 칭하며 폭력 진압을 부추겼다. 일각에서는 이로 인한 반작용으로 시위가 큰 규모로 번지게 되면, 이를 빌미로 트럼프가 민주주의를 파괴할 것이라는 우려도 나오고 있다. 트럼프는 1월 미 언론과의 인터뷰에서 “중간선거는 필요하지 않다”고 말한 바 있으며, 같은 달 열린 다보스포럼에서도 “보통 사람들은 나를 끔찍한 독재자 유형이라고 말하지만, 때로는 독재자가 필요하기도 하다”는 농담을 던지기도 했다. 이러한 발언들은 이제 전혀 농담으로 들리지 않는다.

시민의 존엄성보다 통치자의 권력이 우위에 있을 때 어떤 비극이 일어나는지 역사는 분명하게 증언한다. 트럼프의 사병 집단이 되어가는 ICE 부대를 보고 있으면 제주 4·3 사건의 서북청년단이 떠오르며, 트럼프에

대한 저항의 중심지가 되어가는 미니애폴리스를 보고 있으면 우리의 광주가 떠오른다. 이렇듯 작금의 미국은 안에서는 민주와 반민주의 싸움이 격화하고 있고, 밖에서는 패권 질서를 스스로 파괴하고 있다.

2025년 8월 18일, 백악관이 공개한 사진을 보면 집무실 책상에 앉아 있는 트럼프를 중심으로 주요 유럽 지도자들이 그 주위에 앉아 있었다. 그 모습이 꼭 교장실에 불려 가 훈계를 듣는 학생들의 모습 같다. 미국 백악관은 이 사진을 트럼프의 힘 과시를 자랑하기 위해서 공개했을 것이다. 그런데 이런 식의 힘 과시는 곧 약함의 증거가 될 수 있다. 과거에는 세계가 환영하며 따르던 미국이 이제는 협박에 의한 억지 추종을 강요하는 미국으로 바뀐 것이다. 진정한 강자는 힘을 과시할 필요가 없다.

NSS와 베네수엘라 침공

2025년 12월 5일, 미국 정부는 〈국가안보전략서National Security Strategy〉(이하 NSS)를 발표했다. 트럼프 2기 행정부 대외 정책의 방향타라 할 수 있는 총 33쪽짜리 문건으로, 원래는 취임 150일이 되는 6월 30일까지 의회에 제출해야 했으나 지연되었다. 백악관 국가안보실이 문서 작성의 주체이지만, 군부의 의견이 개입되었을 여지가 크다. 미 군부는 여전히 동맹을 중시하는 경향이 강하며, 반중·반러·반북의 세계관이 주류를 이룬다. 그러한 군부의 기조를 이번 NSS에서 제외하기 위한 조율 과정 때문에 발표 시기가 늦어진 것으로 전문가들은 분석한다. 미 정치·외교 전문지 《폴리티코Politico》는 재무부 장관 스콧 베선트Scott Bessent가 중국과 무역 협상이 한창인 만큼 대중국 어조를 완화해야 한다고 강하게 주장함으로써 NSS 발간이 늦어졌다고 보도한 바 있다.

〈NSS 2025〉는 트럼프 1기 때의 〈NSS 2017〉과 비교해도 상당한 차이를 보일 정도로 파격적이다. 가장 두드러진 차이는 '미국 우선'을 넘어 '서반구Western Hemisphere 우선'주의를 선언한 것이다. 문서의 표현을 빌려 한마디로 요약한다면 "아틀라스 시대를 마감하고 먼로 독트린에 대한 '트럼프의 귀결Trump Corollary'을 주창한다"이다. 아틀라스는 지구를 떠받들고 있는 그리스·로마 신화에 나오는 거인이다. 미국은 아틀라스처럼 세계 질서를 짊어지는 '세계 경찰'의 시대는 끝났다며, 동맹국들에게 각자의 국방비 지출을 늘려 속한 지역에서 안보를 분담하라고 요구했다. 심지어 유럽 문명은 소멸할 수도 있다며 맹폭을 가했다. 그러면서 미국은 중동 및 유럽 등 전통적인 분쟁 지역에서 발을 빼고, 안보 자원을 미 본토와 미주 대륙(서반구) 방어에 집중하겠다고 선언했다.

미국은 이제 가치나 이념은 사라졌다고 보고, 국가 간 관계에서 거래적 이득 확보를 우선시한다. 〈NSS 2025〉는 권위주의든 독재든 상관없이 미국에 돈줄이 되느냐 아니냐에 따라 미국의 대응 방식이 달라진다는 점을 강조했다. 따라서 트럼프가 바라보는 세상은 "미국이 힘을 이용해 돈을 벌어들일 수 있는 곳"이라는 《뉴욕 타임스》의 분석은 정곡을 찌르는 것이다. 워싱턴에 소재한 싱크탱크 우드로 윌슨 센터의 역사학자인 마이클 키미지Michael Kimmage는 2025년 12월 8일 자 《포린 어페어Foreign Affairs》 기고를 통해 이제 미국의 대외 정책은 상대에 대한 '설득'보다 '날것'의 힘을 우선할 것이라는 의지를 재확인했다고 썼다. 키미지는 미중 관계와 관련해, 미중 무역 합의에서 중국이 약속한 이행 일정에 따라 성실하게 움직이고 있다고 평가했다. 그는 지금까지 미국이 중국을 안보 위협으로 인식하며 적대적 노선을 취해온 것과는 달리, 이를 경제적인 경쟁 관계로 규정하는 등 타협의 의지를 드러낸 것으로 봤다.

미국은 〈NSS 2025〉가 발표된 지 2개월 만에 베네수엘라를 전격적으로 침공하여 대통령 니콜라스 마두로Nicolas Maduro를 체포해 미국의 법정에 세웠다. 타국에 대한 미국의 군사 개입은 그간 빈번했다. 하지만 주권국가의 지도자가 자국 영토 안에서 미군 특수부대에 의해 강제로 축출되어 압송된 사건은 충격 그 자체였다. 이는 유엔 헌장을 정면으로 어긴 명백한 침략 행위이며, 국제법 위반이다. 트럼프는 지금까지 미국 우선주의라는 이름으로 자국 이익을 위해 자유주의 국제질서의 규범을 지속적으로 무너뜨려 왔으며, 일방적인 관세 부과와 투자 갈취로 약탈적 제국주의의 면모를 보여줬다. 그리고 이제는 무법적 군사 공격까지도 감행하는 깡패 국가의 모습을 드러낸 것이다. '불량 국가rogue states'는 미국이 북한이나 이란 등을 규정할 때 사용해 온 말이었지만, 이제는 미국을 규정하는 용어가 된 셈이다. 트럼프가 군대를 동원해 마두로를 납치한 날인 2026년 1월 3일 자 《뉴욕 타임스》 사설은 군사행동의 불법성을 지적하면서 베네수엘라가 현대 제국주의의 첫 희생양이 되었다고 강하게 비판했다.

19세기 초 유럽의 제국주의 국가들이 나폴레옹 전쟁(1803~1815)으로 인해 중남미 식민지들을 방치했다가 전쟁이 끝난 후 호시탐탐 돌아오려는 움직임이 있었다. 미국 제5대 대통령 제임스 먼로James Monroe는 미국의 초기 국가 건설nation building 과정에서 이러한 움직임을 간파하고, 영국의 도움을 받아 1823년 먼로 독트린을 발표했다. 먼로 독트린은 이중적인 성격을 갖는다. 먼저 미국이 유럽의 열강으로부터 고립을 선언한 것이고, 동시에 남미 대륙에 대한 미국의 '세력권sphere of influence'을 주장한 것이다. 전자는 고립주의지만, 후자는 개입주의다. 먼로 이후 미국의 국력이 점차 강해지면서 전자보다는 후자로 기울었는데, 시어도어 루스벨트Theodore Roosevelt가 먼로 독트린을 재소환했다. 미국이 중남미 국가들의 만성적인 불법 행위와 불안정, 특히 유럽 열강에 대한 채무 불이행을 막기 위해 개입할 권리를 확장한다는 내용으로 서반구에서 미국의 '국제 경찰력' 사용을 정당화한 것이었다. 〈NSS 2025〉에 담긴 트럼프식 먼로주의는 이보다 훨씬 더 강력한 개입주의를 표방한다. 그리고 단순한 선언을 넘어 단 2개월 만에 베네수엘라 침공으로 이를 실천했다.

앞서 언급했듯 2025년 9월 유엔 연설에서 트럼프는 이미 유엔 무용론을 주장한 바 있다. 유엔의 대원칙은 침략당했을 때의 자위권 발동과 유엔 안전보장이사회의 허가를 받은 경우를 제외하고는 전쟁을 일으킬 수 없다는 것이다. 마두로 정권이 마약 카르텔의 수괴라는 증거도 부족하지만, 그것이 사실이라고 해도 마약 때문에 국가 간에 전쟁을 한다면, 전쟁의 이유는 수만 가지가 될 것이다. 이렇게 되면 미국은 러시아의 우크라이나 침공을 비판할 자격이 없어지고, 중국이 대만을 침공해도 할 말이 없어지게 된다. 강대국들이 마음에 들지 않는 타국의 정권을 무력을 사용해서 교체해도 된다는 '판도라의 상자'를 미국이 연 것이다. 베네수엘라 침공 과정에서 트럼프는 의회도 배제함으로써 미국 헌법도 무시해버렸다. 전쟁이 아니라 '작전operation'이니 의회 승인을 거칠 필요가 없었다고 강변했다. 전쟁 행위를 '작전'이라고 부르는 것은 러시아가 우크라이나를 침공할 때 사용했던 방법이다.

마두로는 12년이나 장기 집권하며 비민주적 행태를

자행하고 나라 경제를 엉망으로 만들었다. 하지만 마약이나 테러의 수괴라는 직접적인 증거는 없다. 설령 그것이 사실이라고 하더라도, 미국이 한 나라의 원수를 체포할 권리가 있는 것은 아니다. 이러한 기준이라면 미국은 전 세계의 모든 권위주의 독재국가에 전부 개입했어야 했다. 하지만 미국은 아프가니스탄에서 도망치다시피 빠져나왔고, 군부독재에 신음하는 미얀마를 철저하게 외면했다. 게다가 미국의 강제적인 정권 축출 방식은 베네수엘라의 고질적인 문제를 해결하기는커녕 더욱 키울 수 있다. 권력의 공백 상태를 초래하면서 오히려 테러와 마약 범죄의 온상이 될 가능성이 크고, 베네수엘라 국민의 삶은 더욱 피폐해질 것이다. 힘을 통한 평화는 결코 성공할 수 없고, 또 다른 비극을 가져올 뿐이라는 것을 우리는 역사를 통해서도, 그리고 지금 벌어지고 있는 전쟁들을 통해서도 생생하게 목격하고 있다.

트럼피즘은 명분이 필요 없다. 일방주의로 악명이 높았던 조지 W. 부시 대통령조차 이라크 전쟁에 명분을 부여하고자 전쟁 준비를 마치고 안보리의 동의를 얻어내기 위해 8개월을 기다렸다. 물론 안보리의 동의를 얻어내지 못한 채 결국 이라크를 침공했지만, 국제기구와 규범을 의식하며 정당성 확보를 위한 노력은 기울였

다. 그러나 트럼프는 이러한 것들을 전부 무시한 채, 힘으로 원하는 것을 얻으려 한다. 베네수엘라 사태 직후, 미국 백악관의 공식 SNS에는 트럼프의 사진과 함께 'FAFO'라는 네 글자를 게시했다. 'Fuck Around, Find Out'의 머리글자만 딴 욕설이 포함된 속어 표현인데, '까불면 다친다!' 정도로 의역할 수 있다. 정부의 공식 SNS에 동네 깡패들이 할 만한 욕설을 버젓이 게시한 것이다. 백악관에 이어 국무부도 공식 SNS에 "THIS IS OUR HEMISPHERE", 즉 "이 (서)반구는 우리 것이다"라고 게시하며, 중남미가 미국의 것이라고 주장했다.

트럼프는 여기서 멈추지 않았다. 베네수엘라 다음

으로 콜롬비아와 쿠바를 거론하고, 덴마크령인 그린란드를 갖겠다고 나섰으며, 2026년 1월 7일엔 유엔 산하 기구 31개와 비 유엔기구 35개에서 미국이 탈퇴한다는 내용의 대통령 각서에 서명했다. 트럼프는 1기 때부터 탐을 내온 그린란드를, 베네수엘라 침공 이후 한층 더 노골적이고 반복적으로 압박하고 있다. 매입이 불가능할 경우 무력 사용도 배제하지 않겠다는 것이다. 덴마크가 나토 회원국인 것을 고려하면, 자칫 나토의 붕괴를 초래할 수 있는 사안임에도 트럼프에게 거칠 것은 없다. 그린란드를 확보하는 것과 나토를 유지하는 것 중에 무엇이 더 중요하냐는 질문을 받은 트럼프는 "선택의 문제"라고 했다.

2026년 새해 벽두부터 트럼프에 의해 벌어지는 일련의 사태들은 그의 전형적인 '충격과 공포Shock and Awe' 전술을 보여준다. 약한 자에게 먼저 압력을 가한 뒤 협상에 나서는 전술이지만, 역설적으로 난폭한 겉모습 뒤에 숨겨진 미국 패권의 약세를 내보여준 측면도 있다. 미국이 정말로 강할 때는 이런 식의 무자비한 폭력을 휘두르지 않았다. 미국이 횡포를 부리지 않고서는 다른 나라를 통제할 수 없고, 미국의 이익도 확보할 수도 없다는 불안함의 역설이 숨어 있는 것이다.

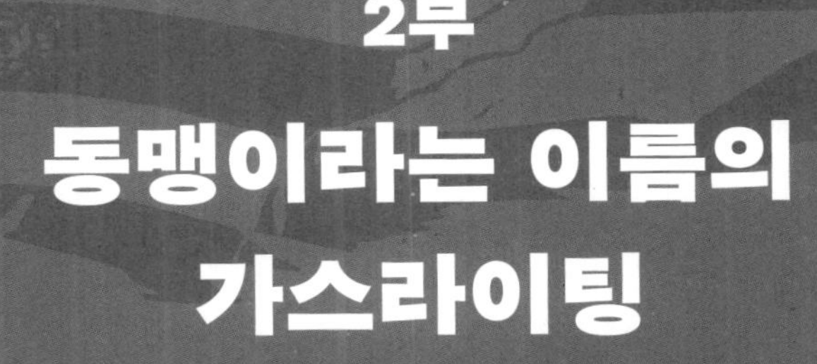

2부 동맹이라는 이름의 가스라이팅

4장

삥뜯는 미국, 빵셔틀 한국

한미 관계와 가스라이팅

나는 2021년에 출간한 졸저《영원한 동맹이라는 역설》에서 한미동맹이 절대적인 의존관계라는 기울어진 운동장 위에서 오랜 시간이 흐르며 신화나 종교의 영역으로 넘어갔다고 썼다. 또 그 결과 한국이 일부 영역에서 압도적인 상대에 의한 '가스라이팅gaslighting'을 겪고 있다고 지적했다가 큰 파문을 일으켰다. 당시 내가 맡았던 국립외교원장은 외교부의 3차관에 해당하는 고위직이다. 그러한 현직 차관급 인사가 한미동맹을 가스라이팅 관계라고 규정했다는 점에서 종합편성채널과 보수신문을 비롯한 대다수 언론이 나를 혹독하게 비판했다.

팬데믹 상황임에도 불구하고 매주 화요일마다 국립외교원 정문에서는 "민족의 반역자 김준형은 물러가라"라고 외치는 시위가 수개월 동안 계속되었다.

출간 후 5년이 지난 지금 한미 관계에 대해 누군가 다시 묻는다고 해도 내 대답은 같다. 한국은 미국에 관해서는 합리적인 사고를 하지 못할 정도로 가스라이팅 당한 상태다. 가스라이팅은 타인의 심리나 상황을 교묘하게 이용하고, 또 때로는 조작해서 스스로를 의심하게 만듦으로써 타인에 대한 지배력을 강화하는 현상을 말한다. 가스라이팅은 처음에는 매우 친밀한 관계에서 시작될 확률이 높다. 엄격한 부모를 가진 자녀, 선생과 제자, 그리고 사이비 종교 신도 등 관계에서 가스라이팅이 자주 발생하는데, 피해자가 자기 판단 능력을 의심하면서부터 시작된다. 압도적인 지배력으로 상대방의 합리적 판단력과 현실감을 잃게 한 상태에서 일방적인 통제력을 행사하는 것이다.

미국의 심리학자 로빈 스턴Robin Stern은 자신의 책 《친밀한 파괴자》에서 가스라이팅을 의식적·무의식적으로 상대를 조종하려는 가해자와, 상대를 이상화하고 상대의 관점을 비판 없이 받아들이는 피해자가 만들어내는 병리적 현상이라고 정의했다. 이 책 원서의 긴 부제인 '타인이 당신의 삶을 통제하기 위해 사용하는 숨겨진 조종술을 발견하고 극복하는 방법How to Spot and Survive the Hidden Manipulation Others Use to Control Your Life'은 시사하는 점이 크다.

한국은 군사력 세계 5위•와 경제력 세계 10위권의 강국임에도 불구하고, 여전히 미국의 도움 없이는 국가가 무너질 것이라고 단정한다. 물론 아무리 강한 국가라 하더라도 전쟁이 초래할 결과에 대해 존재론적인 공포를 갖는 것은 자연스럽다. 그러나 그 공포가 우리의 자율적인 결정을 막는다면 그것은 비합리적이다. 이는 우리의 국력이나 대외 환경 변화와는 상관없이 안보를 미국에 전적으로 의존해온 결과다. 이런 상황이 오랫동안 반복되면 우리는 미국의 힘이 우리 것이며, 스스로 강자라고 의식하고 합리화하게 된다. 그러나 엄연히 우리는 미국이 아니다.

지난 책 《영원한 동맹이라는 역설》에서 한미 관계에서 발생하는 네 가지 가스라이팅 사례를 들었었다. 먼저 2007년 한미 FTA 당시 한국 협상팀의 이해하기 어려운 태도다. 한미 FTA 협상 문제는 정치적으로 많

• 세계 군사력 평가 기관인 글로벌파이어파워Global Firepower, GFP의 2025년 평가 결과다.

은 논란과 혼란을 야기했던 이슈였다. 그런데 미국과의 협상에 임했던 한국 대표들의 발언은 귀를 의심할 정도로 이해하기 어려웠다. 2011년 9월 2일 위키리크스WikiLeaks가 공개한 외교문서에 따르면 당시 FTA 협상의 한국 측 대표였던 김현종 통상교섭본부장이 미 대사와의 전화 통화에서 한국 정부의 수출 약품 가격을 정하는 문제에 관해 미국 측에 유익하다고 평가된 사항들을 관철하기 위해 "필사적으로 싸웠다fighting like hell"라고 말한 내용이 나온다. 또한 미국이 한국의 정책 결정 내용을 무시하는 것에 대해서도 한국이 양해할 수 있다고도 말했다. 이는 한미 FTA 협상 과정 및 내용 자체가 근본적으로 상호 평등하거나 정당하지 않다는 사실을 보여주는 것이다.

두 번째 사례는 광화문과 시청 일대에서 벌여온 보수 진영의 시위를 주도한 소위 '태극기 부대'가 태극기와 성조기를 함께 드는 모습이다. 박근혜 탄핵을 계기로 본격 등장한 태극기 부대는 윤석열 탄핵 과정에서 탄핵에 반대하는 시위를 했는데, 그 목적이 미국과는 상관없는 국내 정치 문제임에도 현장에서 성조기를 든 것이다. 이들이 현장에서 성조기를 흔드는 행위에는 어떤 합리적 근거가 있는 것은 아니다. 태극기 부대는 성조기를 태극기만큼, 때로는 태극기보다 더 소중하고 초월적인 상징으로 내세운다. 집회 참가자들은 미국이 없으면 한국도 존재할 수 없다면서 한미동맹의 중요성을 강조하기 위해 성조기를 함께 든다고 주장한다. 심지어 '윤 어게인'을 외치는 세력들은 성조기뿐만 아니라 이스라엘기를 함께 흔들기도 한다.

세 번째 사례는 2018년 이후 한반도 평화프로세스가 한창이던 때에 벌어진 일이다. 당시 자유한국당(현 국민의힘)의 일부 의원들은 국내에서 한반도 평화프로세스를 반대하는 것으로도 모자라, 미국의 조야朝野 인사들을 만나는 자리에서 문재인 정부를 비판하며 남북간 협상을 의도적으로 방해했다. 2019년 하노이회담 결렬의 이면에는 나경원 당시 자유한국당 원내대표의 방해공작이 있었다는 문정인 당시 대통령 통일외교안보특보의 언급은 상당한 신빙성이 있다. 하노이 북미정상회담을 앞두고 나경원은 미국을 방문해 낸시 펠로시 Nancy Pelosi 하원의장을 비롯한 미국의 여야 정치인을 만나 문재인 정부가 북한의 실질적인 비핵화 조치 이전에 남북경제협력 재개나 종전 선언 등을 추진함으로써 한국의 안보가 위협받고 있다고 주장했다. 이 과정에서 나경원은 문재인 정부가 "(북한) 비핵화"가 아니라 "(남한) 비무장"에 나서고 있다는 표현까지 사용하며, 이를 미 정치인들에게 막아달라고 했다는 것이다.

네 번째 사례는 2020년 10월 민경욱 전 의원이 백악관 앞에서 벌인 시위였다. 그는 당시 트럼프가 부정선거로 인해 대통령 재선에 실패했다고 주장하는 미국 현지 시위에 참여해 한국의 4·15 총선이 부정선거였다고 적힌 피켓을 들었다. 이 모습은 트럼프의 트위터에 올라오기도 했다. 2020년 4월 23일 미국 백악관 청원 홈페이지 '위 더 피플'에는 120만 명 이상이 동의한 "미국에 중국 바이러스를 밀반입하고 한미 안보를 위협하는 문재인을 구속 및 기소하라"라는 제목의 청원도 올라왔다. 헌법에 따라 민주적 선거로 선출된 한국의 대통령을 미국의 대통령에게 구속기소해달라고 탄원하는 사람들이 존재한 것이다. 한미동맹이 한국인의 이성을 마비시킨 전형적 사례다.

조지아 사태

2025년 9월 미국 조지아주에서 벌어진 한국인을 대상으로 한 폭력적인 이민 단속은 우리에게 너무나도 큰 충격을 주었다. 미국 이민 당국은 317명의 한국 노동자들을 마치 테러범이나 흉악범인 것처럼 취급하며 두 손을 묶고 족쇄까지 채워 공개적인 모욕을 가했다. 일부는 영장 없이 연행되었고, 심지어 합법적인 비자와 영주권을 가진 사람도 수감되었다. 또한 열악한 감금 시설에서 인간 이하의 취급을 받았다. 이들은 범죄자가 아니라 미국에 기술을 전수하고 일자리를 만들어 상호 번영하기 위해 미국으로 간 고도로 훈련된 전문 인력이었다. 사건 직후 미국의 조야가 보인 반응은 충격적이다. 트럼프 대통령과 러트닉 상무부 장관은 물론이고 공화당 정치인들과 조지아주 주지사 등이 앞다투어 이민법 집행이 옳았다고 주장한 것이다. 이러한 트럼프의 반 이민정책은 한국이 미국으로부터 어떤 취급을 받고 있는지를 적나라하게 보여주었다.

이러한 이민 단속은 명백한 인권 침해 사안이자 인종차별이었다. 그러나 미국은 공식적으로 사과하지 않았고, 한국 정부는 제대로 항의하지 못했다. 한미동맹이라는 이름 아래, 우리 국민의 기본권은 미국의 일방적인 정치쇼와 법 집행 뒤로 밀려났다. 조지아주의 이민 단속은 트럼프의 주요 어젠다인 불법 이민 통제의 맥락에서 벌어진 일이다. 앞서 살펴봤듯이 경기 침체와 사회 양극화로 인한 국내의 불만을 이민자들에게 뒤집어씌우는 매우 의도적인 행위다. ICE와 국토안보부가 생중계하듯이 작전을 전개한 것도 정치적 음모가 내재해 있다. 이민자를 악마화하여 공포를 자극함으로써 통제의 명분을 만든 것이다. 문제는 그 과정에서 한국인을 희생양으로 삼은 것이다. 동맹에 대한 존중이나 의리, 명분 같은 것은 사라진 지 오래다.

그런데 국민의힘을 포함한 보수 진영은 '뒤통수를 때린' 미국의 행위에 대해서는 그야말로 일언반구조차 없고, '뒤통수 얻어맞은' 이재명 정부 탓만 했다. 야당으로서 이슈를 정치적으로 활용한다는 점을 고려한다고 하더라도, 누가 봐도 비합리적이고 모욕적인 미국의 행동에 대해선 단 한마디의 비판도 하지 못했다. '이재명 정부가 대체 어떻게 했길래 트럼프의 미국이 저렇게 화를 내냐'라는 식의 태도는 그 자체로 사대주의적 사고다. 역시 가스라이팅 현상의 예다.

물론 정부의 초기 대응도 단호하지 못했다. 외교부는 사태 초기에 "사실관계 확인 중"이라는 피상적 언급만 반복했고, 주미 한국대사관은 "현지 사법 절차를 존중한다"라는 원론만을 되풀이했다. 당연히 했어야 할 주한 미국대사 초치도 하지 않았다. 한국 정부는 자국민이 구금되고 인권을 침해당했는데도, 미국의 심기와 동맹의 균열에 대해 더 우려한 것이다.

종속적인 상하 관계인 한미 관계는 수십 년간 우리 국력의 괄목할 만한 성장에도 불구하고 크게 교정되지 않았다. 미국은 과거에 인권을 앞세울 때도 한국을 존중하지 않았다. 정상회담 때마다 미국이 항상 언급하는 "함께 갑시다"라는 표어는 빛 좋은 개살구일 때가 많다. 트럼프의 미국은 이제 그런 위선조차 벗어던졌다.

조지아 사태는 우리에게 근본적인 질문을 던진다. 한미동맹은 과연 누구를 위한 것인가? 미국은 과연 믿을 만한 우방국인가? 우리가 과연 투자해도 괜찮은 곳인가? 우리 전문가와 노동자가 미국 현지에서 안전하게 일할 수 있을 것인가? 국민의 안전과 권익을 지켜주기는커녕 도리어 해를 가하는 동맹의 존재 이유는 없다. 한미동맹을 신성불가침의 영역으로 두었던 외교 관성이야말로 한국 외교의 치명적 약점이다. 조지아의 한국인 구금 사태는 한미동맹의 현실을 직시하게 하는 경고음이다. 이런 불협화음을 감추고 '좋은 게 좋은 것이다'라는 식으로 어물쩍 넘어간다면 한미동맹의 위계성을 극복하는 '슬기로운 동맹'으로 발전하지 못할 것이다.

한미 관계의 실망스러운 모습이 재현되고 있지만

몇 가지 긍정적 모습들로 인해 위안이 된다. 이재명 정부는 트럼프 정부가 마치 자연재해처럼 몰아치고 있는 어려운 상황에서 실용주의 전략을 택해 나름 선방했다. 특히 미국의 오만한 협상 태도를 공개하면서 국민에게 의지했고, 국민은 이에 화답하며 미국에 대해 함께 분노했다. 조지아 사태에 침묵하지 않은 정치인과 국민이 주한미국대사관으로 달려가 규탄 시위를 했다. 나 역시 조지아주 주지사인 버디 카터Buddy Carter에게 공식적인 항의 문서를 전달하기도 했다.

가스라이팅 현상의 압권, 윤석열 정부

다시 시계를 윤석열 정부 시절로 돌려보자. 한미동맹 가스라이팅 사례는 윤석열 정부 때 현저하게 나타났다. 그중 단연코 하이라이트는 2022년 윤석열의 '바이든 날리면' 발언을 둘러싼 논란이었다. 논란의 이면에는 한국 대통령이 감히 상전인 미국 대통령에게 무례한 말을 내뱉을 수 있는 것인지가 놓여 있었다. 노예근성에 가까운 사고방식이다.

윤석열 정부 기간 한국 정부의 가스라이팅 사례는 또 있다. 바로 미국의 대한민국 국가안보실 도청 사건

주한미국대사관 앞에서 항의 시위를 벌이는 국회의원들.

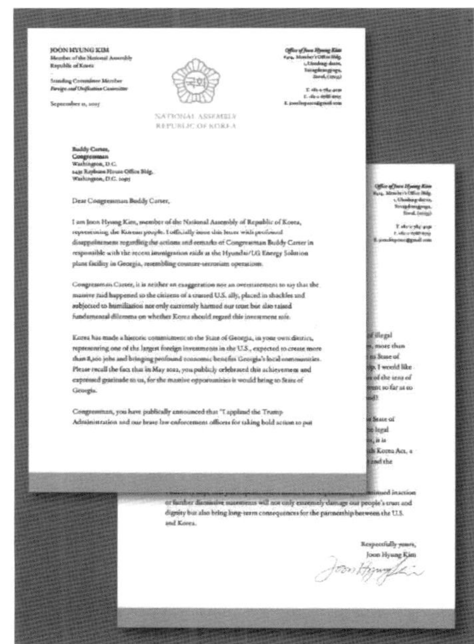

JOON HYUNG KIM
Member of the National Assembly
Republic of Korea

Standing Committee Member
Foreign and Unification Committee

NATIONAL ASSEMBLY
REPUBLIC OF KOREA

Office of Joon Hyung Kim

Buddy Carter,
Congressman
Washington, D.C.
Rayburn House Office Bldg.
Washington, D.C.

Dear Congressman Buddy Carter,

I am Joon Hyung Kim, member of the National Assembly of Republic of Korea, representing the Korean people. I officially issue this letter with profound disappointment regarding the actions and remarks of Congressman Buddy Carter in responsible with the recent immigration raids at the Hyundai/LG Energy Solution plant facility in Georgia, resembling counter-terrorism operations.

Congressman Carter, it is neither an exaggeration nor an overstatement to say that the massive raid happened to the citizens of a trusted U.S. ally, placed in shackles and subjected to humiliation not only extremely harmed our trust but also raised fundamental dilemma on whether Korea should regard this investment safe.

Korea has made a historic commitment to the State of Georgia, in your own district, representing one of the largest foreign investments in the U.S., expected to create more than 8,400 jobs and bringing profound economic benefits Georgia's local communities. Please recall the fact that in May 2022, you publicly celebrated this achievement and expressed gratitude to us, for the massive opportunities it would bring to State of Georgia.

Congressman, you have publically announced that "I applaud the Trump Administration and our brave law enforcement officers for taking bold action to put

or further dismissive statements will not only extremely damage our people's trust and dignity but also bring long-term consequences for the partnership between the U.S. and Korea.

Respectfully yours,
Joon Hyung Kim

버디 카터 주지사에게 보낸 공식 항의 서신.

이다. 2023년 4월 8일 100여 쪽에 달하는 미군 기밀 문건이 유출되는 사건이 일어났다. 《뉴욕 타임스》는 해당 문건에 한국 정부의 내부 논의 내용이 담겨 있었고, 더욱이 그 정보의 출처가 도청이라고 보도했다. 문건에는 이문희 당시 국가안보실 외교비서관이 기존 정책을 변경해 우크라이나에 무기를 제공하는 것을 공식 천명하는 방안을 거론하자, 김성한 국가안보실장이 한미 정상회담을 앞두고 있어 회담과 무기 지원을 거래했다는 오해를 살 수 있다고 우려했다는 내용이 들어 있었다는 것이다. 《워싱턴 포스트》도 문건에 3월 초 '한국의 국가안보실이 우크라이나에 포탄을 제공하라는 미국의 요구에 고심했다'라는 표현이 적혀 있었다고 보도했다. 기사에는 해당 정보의 출처가 신호정보SIGINT라고 적혀있었는데, 이는 한국 정부의 최고위급 내부 논의를 미국이 도청했다는 사실을 보여준다.

사안 자체도 충격적이었지만, 상상하기 어려운 반응이 도청을 당한 피해국인 한국 정부에서 나왔다. 미국이 동맹국의 외교·안보를 담당하는 최고 수뇌부를 도청하는 행위는 그야말로 등에 칼을 꽂는 배신행위다. 그런데 한국 정부는 이를 별일 아니라는 듯이 축소하거나, 되레 미국의 행위를 옹호했다. 나아가 늘 그래왔듯이 이 사안이 좌파 세력의 음모와 공작이라고 주장했다. 용산 대통령실은 4월 9일 도청 내용 관련《뉴욕 타임스》보도에 대해서는 내부에서 논의 중인 사항이며 확정된 사안이 아니라고 축소했다. 도청 사실은 일절 언급하지 않은 채 우크라이나 무기 지원이 결정된 사항이 아니라고만 해명했다. 이튿날 대통령실은 한 나라가 다른 나라를 도청하는 일은 흔한 정보 활동에 해당하는 일이라며 문제될 것이 없다는 반응을 보였다.

이때 한국 정부는 과거에 일어난 사건을 소환했다. 1996년 미국 해군 정보분석관인 한국계 미국인 로버트 김을 통해 미국의 기밀 정보를 한국이 얻어낸 바 있고, 2011년에는 국가정보원 직원들이 인도네시아 특사단 호텔 방에 잠입해 논란이 된 적도 있다고 말했다. 나아가 한미정상회담을 앞둔 시점에서 이번 사건을 과장하거나 왜곡해 동맹 관계를 흔들려는 세력이 있다는 식으로 말했다. 기가 막힐 일이다. 윤석열 대통령은 미국 NBC와의 인터뷰(2023년 4월 25일 자)에서 앵커가 "친구가 친구를 염탐할 수 있습니까"라고 질문하자 "친구끼리는 일반적으로 그럴 수 없지만, 국가 간 관계에서는 서로 안 된다고 할 수는 없는 것 아니겠습니까"라고 말했다.

윤석열 정부의 외교·안보 실세, 김태효 국가안보실 제1차장의 발언은 가스라이팅 현상의 압권이었다. 그는 미국의 도청 사실을 부인하지 않으면서 동맹국인 미국이 우리에게 어떤 악의를 갖고 도청했다는 정황은 발견되지 않고 있다는 어이없는 답을 했다. 당시 여당인 국민의힘의 반응은 더 기가 막힌다. 미국 정부의 도·감청 의혹에 대해 비판하는 야당 민주당을 향해 오히려 친북·반미 단체라고 공격한 것이다. 명백한 주권 침해 행위에 대해서는 단 한마디도 항의하지 못했으면서 이를 국내 정쟁용으로 사용한 것이다. 이는 단순히 친미를 넘어 매국적 행동이다.

정작 미국 백악관은 공개돼선 안 될 문건이 유출됐다며 유감을 표명했다. 한국 정부를 도청한 일에 대해서는 시인하지도, 그렇다고 부인하지도 않았다. 이는 불법 도청 사실에 대한 시인과 다르지 않다. 미국은 그 어떤 사과나 해명도 없이 '한국에 대한 미국의 헌신'은 철통같다는 식의 의례적인 언급만 했다. 한국 정부가 먼저 나서서 해명해주니 굳이 미국이 나서서 사과할 필요가 없어진 것이다.

위키리크스에서 밝혀졌듯 미국은 수십 년 전부터 청와대를 도청해왔다. 에드워드 스노든Edward Snowden의 폭로는 미국 정보기관이 동맹국들을 도·감청해왔다는 사실을 보여준다. 미국 국가안보국National Security Agency, NSA에서 일했던 스노든은 지난 2013년 정보 감시 프로그램인 '프리즘PRISM'의 존재를 폭로했다. 프리즘은 사실상 '빅 브라더'라고 부를 정도로 유럽과 아시아의 수십 개 우방국에 대한 정보를 수집했고, 앙겔라 메르켈 당시 독일 총리 등 우방국 정상들도 도·감청 대상이 됐다. 주미 한국대사관을 포함한 38개국 대사관도 도청 대상이 됐다.

한국의 소극적 외교와 달리 독일, 프랑스, 멕시코, 브라질 등 미국으로부터 도청당한 다른 국가들은 미국에 강력하게 항의하고 사과와 재발 방지 약속까지 받아냈다. 독일과 브라질은 불법 감시에 대해 사생활 보호권을 보장하는 결의안까지 유엔 총회에서 통과시켰다. 당시 메르켈 독일 총리는 자신의 휴대전화까지 도청되었다는 의혹을 두고 오바마 대통령에게 바로 전화를 걸어 수십 년 우방국 최고 지도자의 전화를 엿듣는 것에 대해 강하게 항의했고, 오바마 대통령의 사과와 재발 방지 약속을 받아냈다. 멕시코는 관련자 처벌을 미국에 요구했으며, 지우마 호세프Dilma Rousseff 당시 브라질 대통령은 항의의 의미로 미국 국빈 방문 계획을 취소했다. 이 사건은 이 정도로 대처해야만 할 정도의 사안이었다.

트럼프의 보호비 갈취

나는 트럼프 1기 때부터 주한미군 주둔 분담금과 무기 구매 등 한국에 대한 미국의 일방적 압박으로 점철된 한미 관계를 "삥뜯는 미국, 빵셔틀 하는 한국"이라고 규정했었다. 주지하다시피 삥뜯기와 빵셔틀 모두 학교 폭력과 관련된 속어다. '삥뜯기'란 사람을 협박하여 돈이나 재물을 강제로 취하는 범죄행위이고 당연히 형사처벌 대상이다. '빵셔틀'은 가해자의 강요로 빵이나 담배 등을 대신 사주거나 대리 시험 등 각종 심부름을 하는 일을 말한다. 한미 관계에 대입하면 미국은 '삥뜯는 무서운 선배'이고 한국은 '호구 잡힌 후배'에 비유할 수 있다.

바이든은 대선 후보 시절 트럼프의 동맹국 압박을 '보호비 갈취protection racket'에 비유하며 신랄하게 비판했다. 이 말은 마피아나 조직폭력배들이 일정 구역을 지켜준다는 명목으로 상인이나 주민들에게 보호비를 갈취하는 행위에 비유한 것이다. 이렇듯 미국 내에서도 트럼프 정부의 동맹 정책에 대한 신랄한 비판이 있었다. 물론 이는 대선 과정에서 트럼프 정부를 비판하기 위한 목적이었을 뿐, 바이든도 집권한 이후에는 별반 다르지 않았다. 트럼프 정부의 거친 방식은 아니었지만, 실제로는 바이든도 선한 얼굴을 하고 동맹국들의 팔을 비튼 적이 많다. 그래서 이러한 바이든의 대외 정책을 두고 일각에서는 트럼프 대외 정책 2.0이라고 비판했다.

WTO가 엄연히 존재하는 상황에서 트럼프 정부가 타국에 관세를 물리는 보호무역 정책은 제재 대상이지만, 트럼프는 이미 이 국제기구 내에서 미국이 가진 절대적 권한을 이용해 처벌 시스템을 마비시켰다. 더욱이 한국과 미국은 서로 관세를 면제하는 한미 FTA를 맺었다. 한미 FTA를 맺었다는 것의 의미는 한미 양국이 서로 관세가 없는 자유무역을 하기로 약속했다는 것이다. 그런데 미국은 이러한 사실 또한 자의적으로 무시하며 한국에 일방적으로 관세를 부과했다. 미국이 무역 적자인 이유는 미국 수출품의 경쟁력에 문제가 있기 때문인데, 트럼프는 이를 무조건 상대국과의 불공정 무역 탓으로 돌리며 관세를 벌금처럼 부과하고 있다.

트럼프의 미국은 우리로 하여금 동맹의 의미를 다

시 생각하게 만든다. 한미동맹은 중요하다. 하지만 모든 것을 허용하면서까지, 국익에 해를 끼치면서까지 절대적으로 수호해야 할 가치는 아니다. 동맹은 대한민국 국익을 위한 수단일 뿐 목적이 될 수 없다. 한미동맹이 국익에 도움이 되지 않고 오히려 손해나 리스크가 된다면 '헤어질 결심'에 대해서도 생각해봐야 한다.

한국에 새로운 정부가 들어설 때마다, 항상 따라 나오는 것이 바로 '한미동맹 강화'다. 진보든 보수든 가리지 않는다. 노무현 정부는 미국의 이라크 파병 요구에 굴복했고, 우리 돈으로 용산기지를 평택으로 이전하기로 결정했다. 국회도 마찬가지다. 미국의 새로운 정부가 들어설 때마다 통과의례처럼 한미동맹 지지 결의안이 제출되고 아주 쉽게 통과된다. 국회의원이 된 나는 이를 가만히 두고 볼 수 없었다. 여야가 함께 제출한 〈한미동맹 지지 결의안〉에 과감히 반대 토론을 했다. 대한민국 국회 역사상 처음 있는 동맹 지지 결의안에 대한 반대 토론이었다. 동맹 자체에 반대하거나, 당장 동맹을 파기하자는 것이 아니었다. 트럼프 정부에서 한미동맹을 강조할수록, 양국 관계의 특수함을 강조할수록, 트럼프가 우리를 더 뜯어가겠다고 말하는 것과 다름없기에 아무리 관례라고 하더라도 습관처럼 지지 결의안을 내는 것은 현명하지 못하다고 생각했다.

2025년 7월 한미 관세 협상에서 보인 미국의 행동은 선을 넘어도 한참 넘었다. 협상 담당자인 상무부 장관 러트닉의 행동은 거리의 무뢰배를 방불케 했다. 미국이 한국에 요구한 대미 투자금 3,500억 달러(나중에 2,000억 달러를 추가로 요구하기도 했다)는 2025년 대한민국 예산(약 673조 원)의 70퍼센트가 넘는 어마어마한 금액이다. 이는 시장 원리나 합리성은 전혀 고려하지 않고 선불로 돈을 뜯겠다는 의미이고, 대미 투자 패키지의 구성과 방식, 투자 수익 배분 등도 미국이 마음대로 하겠다는 것이다. 미국은 투자 결정도 미국이 하고, 손해가 나면 한국이 보상하고, 이익이 나면 미국이 90퍼센트를 먼저 가져간 후 한국에 10퍼센트를 나눠주겠다고 한다. 트럼프는 한국을 대상으로 언제든지 돈을 뽑아낼 수 있는 '머니 머신'이라고 말했던 그대로 행동했다. 투자액을 현금 선불로 준다는 협정에 서명하지 않으면 관세를 더 올리겠다는 협박도 멈추지 않았다.

국가 간에 이 정도 액수의 돈을 달라고 할 수 있는 경우는 전쟁이 끝나고 승전국이 패전국에 전쟁 배상금을 물릴 때뿐이다. 마치 1차 세계대전이 끝난 후 연합국이 독일에 물린 전쟁 배상금이 떠오른다. 당시 총액이 1,320억 마르크였는데, 독일은 너무 큰 액수라 감당할 수 없다고 호소했다. 독일이 다시 전쟁을 일으키지 못하도록 만들기 위해 처벌적 의미로 배상금을 물린 것이었는데, 너무 가혹한 액수였기에 안 그래도 패전 이후 극도로 어려웠던 독일 경제를 파탄시켰다. 이에 대한 독일 국민의 반발로 나치 독일이 탄생하게 된다. 가혹한 전쟁 배상금은 1차 세계대전 종전 20년 만에 다시 세계대전이 발발하게 된 주요 원인이 된 것이다. 당시 영국과 프랑스는 배상금 액수가 엄청났던 탓에 독일에 30여 년에 걸쳐 분납하라고 요구한 바 있었다. 그러나 트럼프는 자기 임기 내인 3년 안에 대미 투자 요구액의 전부를 완납하라고 한다. 우린 미국의 동맹국이지 패전국이 아니다. 물론 이재명 정부가 유럽과 일본에 비교해 '덜 뺏기는' 합의는 이뤄냈지만, 강탈이라는 본질은 변하지 않는다.

트럼프가 한미동맹이 늘 우리에게 도움이 된다는 환상을 깼다는 점에 주목해야 한다. 속된 말로 미국이 '적당히 했다'면 한국은 여전히 숭미崇美의 굴레에서 벗어나지 못하고, 늘 하던 관성대로 가스라이팅에 사로잡혀 미국의 하수인 노릇을 계속했을 것이다. 조금 과장한다면 트럼프의 미국은 황금알을 낳는 거위의 배를 가른 것일 수 있다. 트럼프는 미국의 약탈적인 민낯을 적나라하게 보여줬고, 한국 사람들을 각성하게 했다.

'깡패 제국'의 '행동대원'

앞서 찰스 틸리가 국제정치 질서를 조폭 세계에 비유했던 것을 소개했다. 미국은 패권 경쟁국인 중국을 견제해야 하지만, 힘도 예전 같지 않고 거리가 너무 멀다. 이를 보완하기 위해 미국은 자국의 명령대로 움직이는 역할, 즉 틸리가 말하는 조폭과 닮은 세계 질서의 행동대원을 내세웠는데 바로 일본과 한국이다. 굳이 서열을 매긴다면 일본은 중간보스이고, 한국은 행동대원이다. 조폭 영화에서 흔히 나오는 장면이 있다. 조폭 패거리끼리 전쟁을 할 때 양 두목들이 앞에서 입씨름하다가 뒤로 물러서면서 공격 명령을 내리면 양쪽의 행동대원들이 제일 먼저 충돌하면서 대다수가 죽음을 맞이한다. 이런 역할을 미국이 동맹이라는 이름으로 우리에게 요구하고 있는 것이다.

트럼프의 통상 압박이 전면에 등장하고, 이에 대한 이재명 정부의 총력 대응이 관심의 초점이 되면서 더 중요하고 위험한 안보 이슈가 밀려났다. 그것은 한미동맹

안보 관련 핵심 이슈인 '전략적 유연성Strategic Flexibility'이다. 전략적 유연성이 미국의 뜻대로 실행된다면, 이는 단순한 보호비 갈취를 넘어 미국의 동북아 전략에 한국이 동원될 가능성이 큰 위험한 덫이 될 것이다. 전략적 유연성이란 주한미군을 대북 억지와 한반도 안정에 전념하는 역할에 머무르게 하지 않고, '동북아 지역군'으로 미국의 전략적 목표를 위해 활용한다는 개념이다. 문제는 주한미군이 한반도 이외 지역으로 작전을 전개할 때 발생하는 위험도 한국이 함께 떠안는다는 것이다. 구체적으로 미국과 적대 관계인 중국과 러시아를 막기 위해 미군이 한반도에 주둔하는 것이라면, 우리도 이들과 적대 관계가 될 수 있다는 것이다. 한국은 미국의 세계 전략에 연루되어 언제든 강제 동원될 수 있는 위험에 빠지게 될 수 있다.

전략적 유연성에 관해서는 아직도 많은 것이 베일에 싸여 있다. 이미 주한미군은 한국의 의사와 관계없이 초법적 수준의 비밀 작전을 수행하고 있을 수도 있다. 미군이 한국에 출입국할 때 어떤 법적 제한을 받고, 무엇을 가지고 드나드는지 우리는 알 수 없고 또 제한할 수도 없다. 미군은 한반도에서 미군의 어떤 전력이 드나드는지 한국 정부에 통보할 의무와 절차가 없기 때문이다. 해외에 주둔하는 미군은 다 그런 것 아니냐고 반문하는 독자가 있을 수도 있다. 아니다. 일본, 독일, 이스라엘은 출입국 시 미군이 따라야 할 의무와 절차가 있다.

전략적 유연성은 주한미군의 단순한 역할 변경을 넘어 대북 억지라는 한미동맹의 근간을 바꾸고, 동북아 전략 지형을 흔들어버릴 수 있는 심각한 사안임에도 역사적으로 협의 과정이 석연치 않았다. 한국의 운명까지 바꿀 수도 있는 변환이지만, 공론화와 국회 비준 동의도 없이 밀실에서 미국의 일방적 압박을 한국 내부 친미 인사들이 굴욕적으로 받아들이는 식으로 진행되었다. 정치적·역사적 책임을 물어야 할 사안일 수 있다. 이는 노무현-부시 정부 때부터 시작된 사안이며, 현재 이재명-트럼프 정부까지 현재진행형이다.

전략적 유연성은 2002년 12월 5일 제34차 한미안보협의회의SCM에서 부시 정부의 국방부 장관 도널드 럼즈펠드Donald Rumsfeld가 최초로 제기한 사안이다. 한미동맹 역할의 근본 변환 구상의 핵심으로 한국군은 한반도 방위를 전담하고, 주한미군은 이를 지원하는 역할로 변환하는 동시에 동북아 지역군으로 변화시키겠다는 구상이었다. 이는 한미상호방위조약의 개정까지 필요한 사안이었지만, 청와대 내부에서 여론의 역풍을 의식해 비밀 각서 교환의 형태로 추진했다. 이 과정에서 노무현 대통령에게는 사안을 제대로 보고하지 않은 외교 농단 및 국정 농단까지 벌어졌다. 이후 미국은 이를 양국 합의로 확정하기 위해 전략적 유연성의 수용 없이는 동맹도 없다며 강경하게 압박했다. 이에 한국 외교부 측은 회피로 일관하다가 결국 대통령에게 알리지 않은 채 미국과 비밀 각서를 교환한다.

그렇게 미국은 한국이 전략적 유연성을 수용했다고 단정했고, 《중앙일보》도 2004년 1월 27일 자로 이 사실을 보도한다. 그러나 비밀 각서 관련 보고를 받지 못한 노무현 대통령은 이듬해 3월 공군사관학교 졸업식에서 "우리 의지와 관계없이 동북아 분쟁에 휘말리지 않겠다"고 발언했다. 이에 미국 측은 당황했고 부시의 긴급 요청으로 6월에 한미정상회담이 열린다. 여기서도 노 대통령은 "나를 대통령으로 선택한 한국 국민의 우려를 반영, 주한미군이 동북아 지역 분쟁에 개입하는 것에 동의하지 않는다"라고 발언했다. 미국은 한국 외교부가 전략적 유연성을 지지했다고 주장하며, 미국 국민은 한 나라의 방위만을 목적으로 하는 병력 주둔은 감당할 수 없다고 반박하는 일까지 있었다. 뭔가 이상함을 감지한 청와대는 국정상황실을 통해 외교부의 '대통령 기망'에 대한 진상조사위원회를 개최했지만, 끝내 의혹 해소에 실패하게 된다.

노 대통령은 합의 내용에 문제가 있으면 원점부터 재협상하라고 지시했음에도 외교부는 끝까지 밀실에서, 그것도 시종일관 수동적이고 대미 굴종적 태도로 협상에 임했다. 이들은 노무현 대통령과 청와대 내부의 반미주의자 개입을 최소화하는 데 집중했다. 노무현 대통령은 서거 당시까지도 자신은 미국에 전략적 유연성을 합의해준 적이 없다고 믿었지만, 이명박 정부는 전략적 유연성이 2006년 노무현 정부에서 합의해준 것으로 기정사실화했다. 이후 정부들은 전략적 유연성을 '포괄적 전략동맹'이라는 용어에 담았다. 특히 윤석열 정부는 한·미·일의 대중국 3자 군사 협력을 위한 '캠프 데이비드 협정Camp David Agreement'과 '글로벌 포괄적 전략동맹'을 수용했다. 그리고 전략적 유연성은 이재명-트럼프 정부에 와서 '동맹 현대화'라는 의도적으로 긍정적인 타이틀이 붙여졌다.

전략적 유연성은 또 다른 문제를 일으켰다. 먼저 한미동맹의 근간인 1953년 한미상호방위조약 무력화 소지가 있다. 해당 조약은 양국이 '상대방의 행정 지배하에 합법적으로 들어갔다고 인정하는 영토에 있어서… 공통한 위험에 대처하기 위해 행동한다'라고 규정하고 있다. 예를 들어 대만은 미국이나 한국의 법적 영토가 아니므로 유사시에 개입이 불가능하다. 그러나 동북아 지역군이 되면 개입의 여지가 생기므로 조약을 개정해야 한다. 당연히 미국은 조약 개정 없이 기존 방위조약을 확대해석하고 싶을 것이다. 또 다른 문제는 용산기지 이전 문제인데, 미국이 대중 견제를 위해 용산기지를 평택으로 옮긴 것이라면 비용을 직접 내야하지만, 한국이 요청한 사항으로 몰아감으로써 한국이 비용을 내도록 만들었다. 또한 주한미군의 근본 역할이 달라진다면, 지금까지 주한미군의 법적·외교적·행정적 지위(특권)도 변해야 한다. 즉 주한미군지위협정Status of Forces Agreement, SOFA도 개정해야 한다.

전략적 유연성은 과거 사안이 아니라, 현재는 물론이고 대한민국의 미래 안보에도 큰 영향을 줄 심각한 사안이므로 차제에 반드시 따져봐야 한다. 트럼프 정부의 군사 전략가들은 중국의 부상을 견제하기 위해 충성스러운(?) 한국과 일본의 도움이 절실하다. 주한미군과 주일미군의 역할을 확대하고, 나아가 한·미·일을 연결하는 군사동맹, 즉 아시아판 나토를 만들고 싶을 것이다. 그러나 이렇게 되면 우리로서는 중국의 코앞에서 중국과 적대 관계가 된다는 것을 의미한다. 2025년 3월 미국과 일본의 국방부 장관들이 동중국해, 남중국해, 한반도를 하나의 '전쟁 구역(전구)'으로 묶어 운용하자고 했던 발언과, 제이비어 브런슨Xavier Brunson 주한미군사령관이 한국을 '중국 앞에 놓인 항공모함'이라고 했던 발언은 모두 이런 맥락에서 나온 것들이다. 이는 한미동맹이 안보 자산에서 리스크가 된다는 말이다. 전략적 유연성은 주한미군의 역할 변경을 핵심으로 하는 한미동맹의 성격이 본질적으로 변하는 문제다. 그런데도 국회와 국민을 거치지 않고 한미 당국의 소수에 의한 비밀 각서로 결정되었다. 이는 심각한 외교 농단 사건으로 헌법 60조• 위반 소지까지 있다. 되돌릴 수 없는 상황이 되기 전에 시급하게 국민에게 알리고 공론화 과정을 거쳐야 한다.

• 대한민국 헌법 제60조 ① 국회는 상호원조 또는 안전보장에 관한 조약, 중요한 국제조직에 관한 조약, 우호통상항해조약, 주권의 제약에 관한 조약, 강화조약, 국가나 국민에게 중대한 재정적 부담을 지우는 조약 또는 입법사항에 관한 조약의 체결·비준에 대한 동의권을 가진다. ② 국회는 선전포고, 국군의 외국에의 파견 또는 외국 군대의 대한민국 영역 안에서의 주류에 대한 동의권을 가진다.

도쿄
1155km · 718miles
1425km · 885r
캠프 험프리스
(평택 기지)
서울
255km · 158miles
블라디보스토크
691km · 430miles
평양
985km · 612miles
베이징

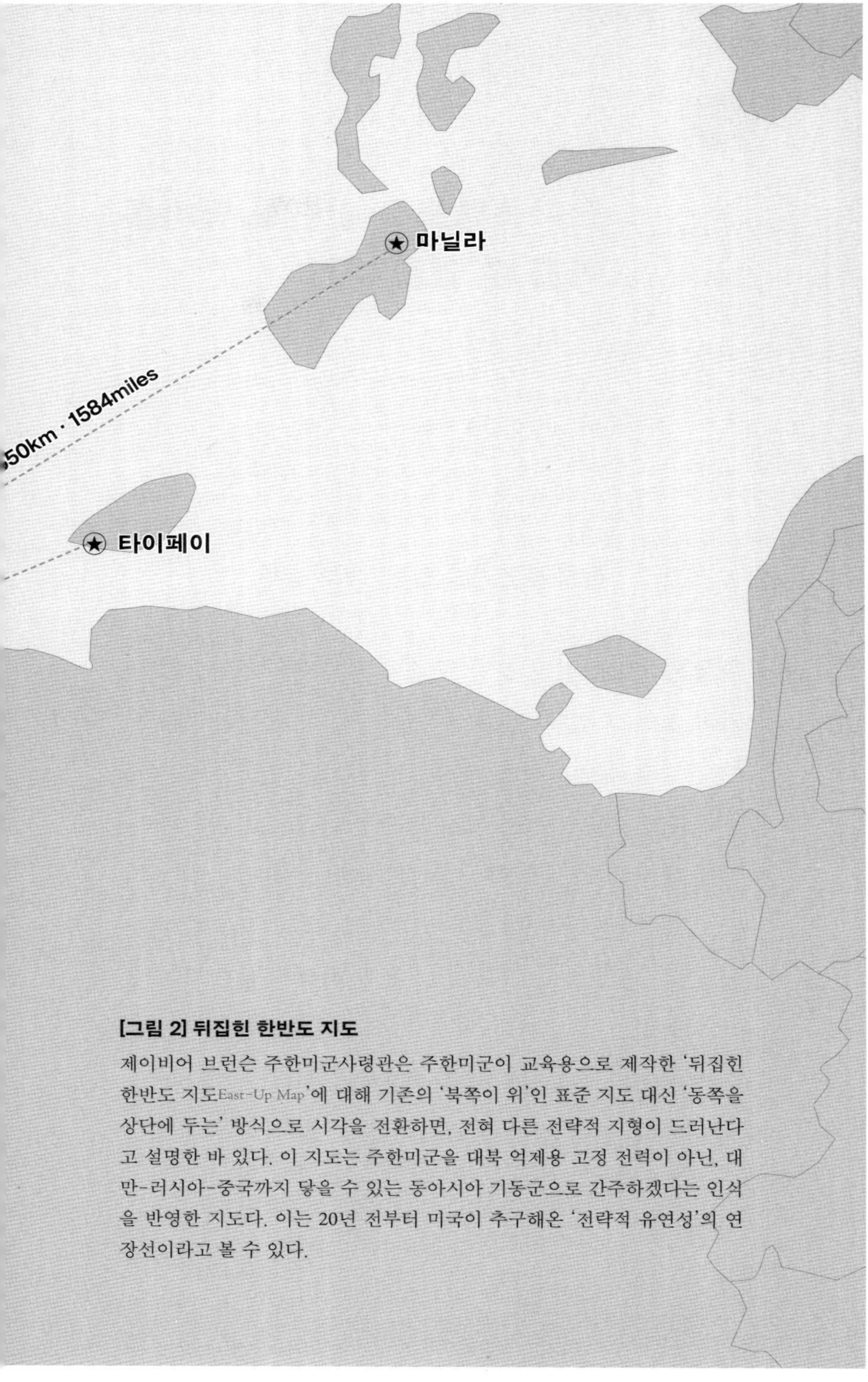

마닐라
50km · 1584miles
타이페이

[그림 2] 뒤집힌 한반도 지도

제이비어 브런슨 주한미군사령관은 주한미군이 교육용으로 제작한 '뒤집힌 한반도 지도East-Up Map'에 대해 기존의 '북쪽이 위'인 표준 지도 대신 '동쪽을 상단에 두는' 방식으로 시각을 전환하면, 전혀 다른 전략적 지형이 드러난다고 설명한 바 있다. 이 지도는 주한미군을 대북 억제용 고정 전력이 아닌, 대만-러시아-중국까지 닿을 수 있는 동아시아 기동군으로 간주하겠다는 인식을 반영한 지도다. 이는 20년 전부터 미국이 추구해온 '전략적 유연성'의 연장선이라고 볼 수 있다.

5장

한미동맹으로 한반도 평화를 이룰 수 있을까?

이념 분열의 최전선, 대북 정책

한국전쟁과 한반도 분단 구조의 장기화는 한국 사회의 거의 모든 측면에 깊은 영향을 미쳤다. 북한을 바라보는 관점과 한미동맹을 바라보는 관점은 한국 사회에서 보수와 진보를 가르는 가장 명확한 기준으로 고착했다. 국제 냉전체제는 소련이 붕괴된 1991년에 막을 내렸지만, 한반도 분단은 여전히 남북한을 냉전 구조에 머물게 했다. 냉전 붕괴 이후 30년 동안 이어진 탈냉전 구조가 약화하고 신냉전의 기조가 꿈틀거리면서 한반도는 대결 구조의 최전선으로 재부상하려 한다. 신냉전보다는 미중의 전략 경쟁과 더불어 다극화 질서가 도래할 가능성이 더 크지만, 한반도는 변함없이 신냉전의 프레임에 갇혀 있다. 이런 구조에서 한반도 평화를 주장하는 것은 설득력을 얻기 힘들다. 기껏해야 진보 세력의 순진한 낭만주의이고, 대개는 반미·친북 세력으로 규정되곤 한다.

전통적으로 북한에 강경한 태도를 견지해온 보수 진영은 미국과의 강력한 군사동맹을 통한 억지력으로 안보를 확보해야 하며, 북한과의 관계 개선은 평화를 가져올 수 없다고 믿는다. 그들은 북한이 신뢰하기 어려운 독재국가이며, 북한 정권은 비이성이고 심지어 악마적이라고 보기에 북한과의 협상은 무의미할 뿐만 아니라 위험하다고 본다. 같은 맥락에서 북한 핵무기는 최대의 압박과 제재를 동원한 포기 외의 다른 어떤 선택지도 무용지물이라고 보고, 북한의 핵무기 포기가 불가능하다면 남한도 핵무장을 통해 핵에 의한 공포의 균형을 만들어야 한다고 주장한다. 북한과 협상 테이블에 앉는 것은 북으로 하여금 속임수를 부릴 시간을 벌어주는 일이거나, '통미봉남通美封南(미국과는 대화하지만, 한국과는 거리를 두는 전략)'으로 한미 관계를 이간질할 가능성을 열어주는 일이라고 여긴다.

보수 진영의 반대편에 서 있는 진보 진영은 보복적

군사 갈등보다 평화적 공존과 남북 협력을 선호한다. 평화는 선택이 아닌 70년이 넘는 상호 적대 관계를 종식하기 위해 반드시 달성해야 할 시대적 사명이다. 또한 북한이 핵무기를 개발한 가장 큰 이유는 한미 군사동맹에서 기인한 존재론적 공포와 불안감에서 비롯되었다고 해석한다. 즉 북한에 대한 한미의 억지력 강화가 북한의 핵무력을 포함한 군사력 강화를 불러오는 악순환의 안보 딜레마•를 초래한다는 것이다. 진보 진영은 북한이 외부로부터 고립되지 않거나 적대적인 취급을 덜 받는다면 비핵화 협상에 나설 의사가 있을 것이라고 주장한다. 2018년 6월 싱가포르에서 도널드 트럼프 미국 대통령과 역사적인 회담을 가진 북한 김정은은 "미국과 자주 만나 신뢰를 쌓고, 전쟁 종식과 비공격 조약 체결을 약속받으면, 우리가 굳이 핵무기를 보유하며 어렵게 살 필요가 있겠는가?"라고 말했다. 이러한 양보의 전제에는 한국전쟁 종식 선언, 한미 합동 군사훈련 취소 또는 축소, 북한에 대한 미국의 안보 보장 등이 포함된다.

• 한쪽이 안전을 위해 억지력을 강화하면 다른 한쪽은 불안해져 자국의 군사적 역량을 증강하고, 한쪽은 다시 불안감이 증대되어 억지력을 더욱 강화하는 악순환적 구조를 뜻한다.

정전 체제는 상호 억지력을 확보함으로써 한반도의 전쟁 재발을 막고 최소한의 안보를 보장해왔지만, 양국 간 만성적 긴장과 반복되는 군사적 위기, 그리고 주변 강대국들의 권력 다툼으로 악화한 상황을 극복하지는 못했다. 동시에 진보 정부가 이러한 안보 체제의 딜레마 구조에서 적극적으로 벗어나기 위해 평화 구상을 추진하려 하면, 보수 진영은 이러한 노력이 억지력과 한미동맹을 흔들어 국가안보를 위태롭게 한다고 비난해왔다. 이러한 관점은 아직 한국 사회에서 강력한 호소력을 갖고 있으므로 마냥 무시하며 대북 평화 공세만을 펼치기는 어렵다. 그래서 역대 진보 정부들은 남북 대화를 추진하더라도, 반드시 동시에 한미동맹 강화를 이야기해야만 했다.

억지력과 평화

'군사적 억지military deterrence'는 군사력을 강화하여 상대가 공격을 감행하지 못하도록 사전에 막는 것을 의미한다. 핵심 논리는 "우리를 공격하면 너희도 보복 공격을 받아 파괴될 것이다"다. 공멸에 대한 '공포의 균형Balance of terror'이 전쟁을 막는 것이다. 상대방이 공격으로 얻을 수 있다고 기대하는 이득이, 실제로 공격했을 경우 받을 예상 손해나 공격 성공의 불확실성을 압도하지 못한다면 전쟁을 일으키기 어렵다. 즉 억지는 전쟁 비용을 높이고 공격의 성공 가능성을 떨어뜨리며, 실패할 경우 치를 대가를 극대화하는 방식으로 작동한다. 따라서 일반적으로 군사적 억지는 소위 '평화로움'과는 거리가 있다. 라틴어 어원만 봐도 극명한 차이를 확인할 수 있다. 억지의 어원은 겁줘서 쫓아내는 'deterrere'이고, 평화의 어원은 조화나 안정이라는 뜻의 'pax'이다. 그러나 현실 세계에서의 억지는 부작용 가능성에도 불구하고 생존을 어느 정도 보장하고, 평화를 이끄는 최소한의 방법으로 인정받는다. 일단 살아남아야 평화도 있다고 본다면 넓은 의미에서 억지도 평화의 한 방법이다.

실제로도 억지력은 한국전쟁 정전 이후 70년간 한반도의 평화를 위한 기본적인 안보 체계로서 역할을 해왔다. 남측의 억지력은 자체 국방력도 있지만, 미국과의 군사동맹이 큰 역할을 해왔다. 이러한 군사적 억지에 의한 안정이 없었다면, 과연 오늘날 대한민국의 눈부신 사회·경제적 발전이 가능했을까라는 물음은 매우 타당하다. 막대한 비용에도 불구하고 억지력은 평화 구축을 위한 외교적 노력의 실패를 보완했다. 그러나 동시에 미국과의 동맹을 통한 억지는 상대방의 억지력 강화를 부추겨 결국에는 재앙을 초래할 취약한 수단이라는 근본적 한계를 가지고 있다. 억지의 유지란, 곧 적대의 유지이기도 하기 때문에 억지의 평화는 모순된 안정이다.

안보를 억지력에만 의존하는 것은 한쪽 다리로 서 있는 것처럼 불안하다. 군사적 억지력은 필요하지만 그것만으로는 충분하지 않다. 군사적 억지는 잠정적인 '휴전 체제'를 관리해 전쟁 재발을 막는 기능은 하지만, 동시에 분단을 고착화하고 충돌의 위협을 키우기도 한다. 한반도에서 군사적 충돌이 재발한다면, 그간 피땀 흘려 이룩한 대한민국의 발전을 단번에 수십 년 후퇴시킬 수 있다. 한반도는 세계 어느 지역보다 군사력과 전략무기가 밀집 배치된 곳이다. 지속 가능한 평화 메커니즘이 필요한 이유다.

북한이 핵무기를 개발한 동기도 군사적 억지 관점에서 설명할 수 있다. 북한의 낙후한 경제는 한반도에서 억지와 균형을 유지하는 것을 어렵게 만들었다. 중국과의 동맹은 한국과 미국의 동맹에 맞설 만큼 견고하지 않았고, 시간이 갈수록 응집성은 더욱 약화됐다. 남북 간 국력 차이는 되돌릴 수 없이 커져만 가고, 재래식 군사력의 불균형도 따라잡기 어려웠다. 이에 북한은 생존의 위기를 절감하고 핵무기를 개발했다. 비록 북한이 미국만큼 방대한 핵무기 비축량을 확보할 수는 없지만, 남한을 인질 삼아 사실상 비대칭적 공포의 균형 수준에는 도달했다. 북한이 선제적으로 남한을 핵무기로 공격할 가능성은 거의 없을 것이다. 한국의 재래식 전력과 미국의 핵우산에 의한 보복을 감당할 수 없다는 것을 너무도 잘 알기 때문이다. 그러나 문제는 여전히 남는다. 북한의 핵무기 보유로 말미암아 상호 억지력이 증강되어 양측을 재차 냉전 대결적 안보 딜레마에 가두었기 때문이다.

한미동맹과 평화의 역학 관계

한미동맹과 한반도 평화의 역학 관계에 대해서 좀 더 깊게 살펴보고자 한다. 한반도의 진정한 평화는 도래하지 않았다. 분단 구조는 바뀌지 않았고, 정전 체제의 장기화로 평화 체제의 구축은 갈수록 난망하다. 1953년 한국전쟁이 끝났지만 국제법적으로 한반도는 여전히 전쟁 상태다. 이유는 단순하다. 총 쏘는 것을 멈추는 데는 성공했지만, 다시 총 쏠 가능성이 남아 있기 때문이다. 2018년 한반도 평화프로세스는 역사상 초유의 북미정상회담과 남북정상회담이 동시다발로 성사되면서 평화를 향한 희망을 급상승시켰다. 하지만 결국 2019년 2월 트럼프와 김정은의 하노이회담이 결렬되면서 한반도는 다시 이전의 대결 구도로 환원됐다. 이후 윤석열 정부의 대북 강경책과 북한의 강경책이 맞서면서 한반도 평화는 시간이 갈수록 점점 더 멀어졌다.

냉정하고 객관적으로 말하자면 한미 군사동맹 강화와 한반도 평화는 함께 달성하기 어렵다. 한미동맹은 전쟁의 산물이자 전쟁 위협을 억제하는 군사동맹이다. 동맹은 원래 공통의 적(북한)을 공유하는 구조를 형성하며, 긴장을 완화하기보다는 오히려 지속적인 긴장과 대결 구도를 전제한다. 평화협정보다 정전 체제의 안정성을 강화하는 현상 유지를 목표로 한다.

한반도 평화 달성에는 두 가지 방법이 있다. 하나는 한미동맹 강화이고, 다른 하나는 남북 화해와 협력이다. 이 둘은 서로를 제약하는 관계로 동시에 추구할 수 없다. 한미동맹 강화의 축과 남북 화해·협력의 축은 서로 충돌한다([그림3] 참조).

어느 진영도 다른 진영의 옵션을 자신들의 평화 구상에 담으려 할 경우 논리적으로 문제가 생긴다. 진보

[그림 3] 한반도 평화 달성의 두 가지 방법

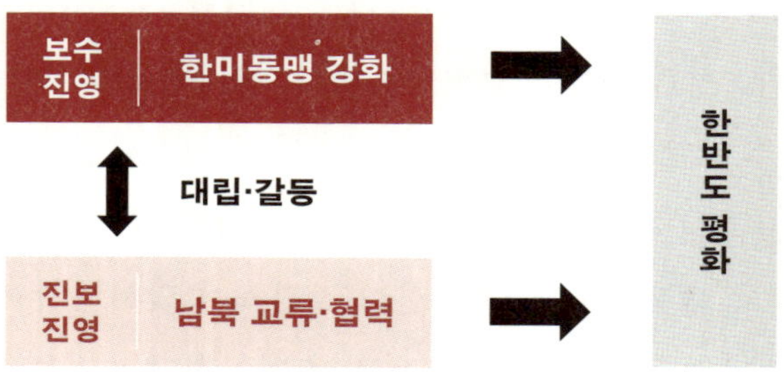

진영의 평화 구상에서 한미동맹 강화는 남북 및 북미의 적대적 구도를 강화할 것이고, 북한은 이를 적대적 포위와 압박으로 인식하기에 대화 성사가 어렵게 된다. 남북 관계의 진전을 시도할 때마다 미국의 대북 제재나 핵 비확산 체제 등의 정책 기조로 인해 방해받는 경우가 허다했다. 개성공단이나 금강산 관광 같은 평화 협력 사업 등도 미국의 승인 없이는 추진하기 어렵다.

반대로 보수 진영에서 남북 화해와 협력을 평화 구상에 포함하는 순간 한미동맹은 약화될 수밖에 없다. 군사동맹은 공통의 적에 대한 공통의 위협 인식이 전제되어야 하는데, 적과의 대화와 협력은 군사동맹의 응집성을 훼손한다. 한미동맹은 예나 지금이나 선악의 이분법적 세계관에 기초하는 경우가 많다. 한미동맹은 선이고 북한과 북한을 돕는 중국과 러시아는 악이 된다. 이러한 구조와 세계관이 유지되는 한 평화 체제로의 전환은 어렵다. 생각해보자. 대화를 통해 평화에 이르기 위해서는 일단 상대방을 인정해야 하는데, 선이 악과 거래할 수 없다는 시각은 이를 불가능하게 만든다. 북한 주민을 도탄에 빠뜨린 자들과의 대화는, 곧 그들의 존재를 정당화할 위험이 있는 것이다.

그렇다면 한미동맹과 한반도 평화는 함께 가기 어려운 것일까? 애초에 군사동맹은 평화와 공존하기 어렵기 때문에 논리적으로는 그렇다. 하지만 현실적으로 한미동맹의 약화나 제한을 통해서 가능한 부분도 있다. 보수 진영의 방법론은 한미동맹을 강화하고 남북의 화해·협력을 배제하는 것인데, 그런 식으로 달성할 수 있는 결과는 두 가지뿐이다. 하나는 전쟁이고 다른 하나는 북한 체제의 붕괴다. 전쟁을 통한 평화는 한국전쟁의 비극을 겪은 우리로서는 결코 수용할 수 없다. 전쟁은 승패가 문제가 아니라 그 자체로 공멸이기 때문이다. 그렇다면 남은 옵션은 북한의 붕괴다. 하지만 이는 희망 사항일 뿐이며 실현될 가능성은 거의 없다. 북한은 세계 역사상 최장기간 초유의 강력한 제재와 압박 속에서도 살아남았고, 핵무기까지 기어코 개발해냈다.

게다가 신냉전 구도 속에서 북한의 전략적 가치는 매우 높아져 있는 상황이다. 중국과 러시아는 결코 북한이 붕괴되도록 내버려두지 않을 것이다. 역대 보수 정부들의 북한 붕괴와 흡수통일을 전제로 한 시나리오들은 남북 관계를 더욱 악화시켰을 뿐이다. 이명박 정부의 '흡수통일론'과 박근혜 정부의 '통일대박론'은 북한 붕괴의 패러다임을 부활시킨 대북정책이었다. 이들은 종종 통일이 밤중에 도둑처럼 찾아올 것이라고 언급했고, 붕괴를 촉진하기 위해 북한 지도부에 대한 소위 '참수(암살)' 계획까지 논의했었다.

북한의 핵·미사일 위협이 고도화된 상황에서 한미동맹과 핵우산이 우리의 유일한 생존 수단이라는 주장은 설득력이 아예 없지는 않다. 하지만 동맹 강화는 언제나 '대북 압박'으로 읽혀 적대적인 두 체제의 상호 긴장을 끌어올리고, 갈등의 가능성을 크게 만든다. 미국의 전략은 점점 더 중국 견제와 인도·태평양 전략으로 이동하고, 한국은 그 구조 속에서 미국의 글로벌 전략에 동조하고 편입되는 경향을 보인다. 한미 안보 협력의 심화는 한편으로는 한반도 평화프로세스의 공간을 좁힌다. 반대로 남북 화해를 추진하려면 북한의 신뢰를 얻어야 한다. 그러나 이 과정에서 미국과의 조율이 필요하고, 한미동맹에 균열이 일어날 수 있다. 2018년 한반도 평화프로세스가 좌초한 원인도 여기에 있다. 남북 관계의 독자적 진전이 한미 간 정책 불일치로 번지면서, 한국은 '중재자'의 위치에서 이탈했다. 한미동맹을 강화하면 남북 관계가 얼어붙고, 남북 화해에 치중하면 한미 간 불신이 싹트는 구조적 모순이 드러난 것이다.

이처럼 한미동맹을 강화하면 평화 담론이 후퇴하고, 남북 화해를 모색하면 동맹의 신뢰가 흔들린다. 평화 체제를 추구하면 미국의 전략적 이해와 충돌할 수 있다. 한반도 평화와 동맹 강화를 함께 성취하는 것은 '정치적 이상'일 뿐, 현실 외교의 영역에서는 거의 불가능한 3중주에 가깝다. 그렇다고 어느 하나를 포기하기도 쉽지 않다. 결국 우리의 과제는 어떻게 적절한 타협점을 찾을 것인가다. 그중에 한 방법은 한미동맹을 군사 협력에 국한하지 않는 포괄적 전략 대화의 틀로 확장하는 것이다. 남북 관계는 단기적 이벤트보다 지속 가능한 신뢰 구축에 초점을 맞추고, 평화 체제 논의는 미중 경쟁 구조 속에서도 '중간 지대'를 확보하는 방향으로 설계해야 한다. 한국의 외교는 선택의 외교가 아니다. 조율의 외교다. 한미동맹, 한반도 평화, 남북 화해라는 세 종류의 음을 완벽한 화음으로 만들 수는 없더라도 불협화음을 최소화하는 지휘가 필요하다. 그것이야말로 현실적인 한반도 외교의 예술이며, 불가능한 3중주를 가능하게 만드는 유일한 길이다.

평화 달성의 세 단계

이제 한반도 평화를 달성하기 위한 단계를 살펴보자. 평화학에서는 하나의 정설처럼 굳어진 평화 달성의 세 단계가 있다. '평화 지키기peace-keeping', '평화 만들기peace-making', 그리고 '평화 세우기peace-building'로 구성된다.

가장 초기 단계인 평화 지키기는 가장 소극적인 방법으로 폭력이나 분쟁을 중단하고 감시·규제·분리 등 안보를 유지하는 통제 수단을 동원하는 것이다. 즉 직접적 폭력과 잠재적 폭력의 발생 가능성을 제한함으로써 추가적인 폭력의 발생을 방지하고, 갈등이 심화하여 더 큰 분쟁으로 가는 것을 막는 단계다. 따라서 평화 지키기는 '일단 싸움을 멈추자!'가 핵심이다. 분쟁 지역에서 유엔이나 중재 국가들이 휴전을 이끌어내고, 휴전이 지켜지는지 감시하는 행위나 민간인을 보호하는 활동 등을 포함한다. 우리가 잘 아는 유엔 평화유지군Peace

Keeping Operation, PKO이 평화 지키기의 대표적인 모델이다. 한반도에 적용하면 1953년 유엔군사령부 군사정전위원회United Nations Command Military Armistice Commission, UN-CMAC 역시 평화 지키기의 한 예다. 평화 지키기는 특정 시점과 장소에서 폭력이나 분쟁을 가능한 한 제한하는 것을 의미하기 때문에 그 원인을 해결하는 것은 포함하지 않는다. 그러다 보니 평화 지키기는 갈등을 근본적으로 해결하지 못한 채, 기존의 갈등 구조와 질서를 유지하는 데 그친다.

두 번째 단계인 평화 만들기는 '싸움을 끝내고 협상하자'가 핵심이다. 평화 만들기는 대화와 협상, 나아가 중재는 물론 해결책까지 모색하는 것을 포함한다. 특히 군사적 수단이 아니라 정치적인 해결을 먼저 모색한다. 갈등 관계에 있는 당사자들이 각 상대방의 인식과 입장을 이해하고, 서로 현재의 갈등 상황을 어떻게 회복할 것인가를 함께 결정하는 것까지 포함한다. 제삼자가 사태에 직접적으로 개입한다는 점에서 평화 지키기와 유사하지만, 서로 대화를 통해 당면한 문제를 어떻게 해결할 것인가에 대한 공정한 합의를 끌어낸다는 점에서 평화 지키기와 다르다. 그 합의는 곧 서로 간에 폭력을 사용할 동기까지 제거할 수 있어야 한다. 1978년

이집트와 이스라엘 간의 분쟁 해결을 위해 체결한 캠프 데이비드 협정이나, 1995년 보스니아 내전을 종식한 데이턴 협정Dayton Agreement을 예로 들 수 있다. 남북 관계에서도 1991년 체결된 남북기본합의서나 2018년 평양에서 합의한 9·19 남북군사합의 등을 예로 들 수 있다. 2000년, 2007년, 2018년, 2019년에 있었던 남북 정상의 회담들도 평화 만들기에 해당한다.

마지막 단계인 평화 세우기는 '평화를 (계속) 유지하자'가 핵심이다. 잠시 평화를 만들어냈다고 해도 앞서 언급했던 중동과 유럽, 한반도의 평화협정들은 현재 다시 분쟁 상태로 되돌아간 경우가 많았다. 두 번째 단계인 평화 만들기는 평화를 '만드는' 단계이기 때문에 불안정하다. 이런 맥락에서 평화 세우기는 특정한 분쟁 해결에 국한되지 않고, 전체적인 사회 변화까지 동반한다. 즉 갈등을 유발하고 악화시킨 체계적 요인들을 치유하고, 문제가 재발하지 않도록 제도적으로 보장하는 것이다. 전쟁 없는 상태를 넘어 평화가 일상이 되는 단계라고 할 수 있다. 이 단계는 전쟁이 끝난 후 평화를 정착시키기 위한 장기적인 노력을 포함하는데, 한마디로 지속 가능한 포괄적인 평화 체제를 세우는 것이다. 직접적인 폭력의 제거뿐 아니라 간접적이고 구조적인 폭력, 즉 인종차별이나 문화적 배제, 경제적 불평등 같은 다양한 반反평화적 조건을 제거해야만 지속 가능한 평화가 가능하다. 이러한 평화의 제도화와 함께 분쟁 지역 국민을 대상으로 한 평화 교육에도 힘써야 한다. 남북한의 금강산 관광이나 개성공단 조성, 이산가족 상봉 등이 이러한 노력의 일환이었지만, 사실 평화 세우기가 제대로 실행된 예는 거의 없다. 인류 역사에서 전쟁은 멈추지 않았고, 분쟁은 해결과 재발이 반복된다는 점에서 우리는 '평화란 과연 가능한 것인가'라는 비관적 질문을 던질 수밖에 없다.

세 단계를 간단하게 정리하면 '총을 내려놓고, 대화를 시작하며, 평화가 뿌리내리도록 만들자'다. 한반도에서 남북 관계는 최악일 때는 평화 지키기라는 1단계에서 벗어나지 못했고, 관계가 좋았을 때는 2단계의 여러 내용을 시도할 수 있었다. 다만 2단계도 완성했다고 보기는 어렵다. 후하게 평가해도 '1.5단계 평화'가 최고치였다. 전쟁은 멈췄지만 평화는 불안정하다. 한미동맹의 억지력과 북한의 핵무장이 팽팽히 맞선 채 유지되는 긴장은, 평화가 아니라 균형 위의 불안이다. 칼날 위의 평화에 불과하다. 이제 필요한 것은 '총의 평화'가 아니라 '일상의 평화'다. 한반도의 진정한 평화는 군사적 억지가 아니라 신뢰와 협력의 제도화, 상호 인정의 정치, 공존의 문화 속에서만 가능하다. 평화는 선언만으로 오지 않는다. 그것은 매일의 대화와 관계 속에서 천천히 만들어지는 것이다.

동맹: 현상 유지, 평화: 현상 변경

지금까지 한반도 평화와 한미동맹의 역학 관계를 살펴봤다. 그렇다면 우리는 이 시점에서 어떤 결론을 내릴 수 있을까? 최종 결론을 내리기는 어렵더라도 잠정적으로 내릴 수 있는 결론은 무엇일까? 한반도에서 한미 군사동맹은 시간이 갈수록 평화의 디딤돌이라기보다 걸림돌이 되고 있다. 그러나 여전히 대다수 국민은 한미동맹을 대한민국 생존에 있어 필수적 토대로 인식한다. 남북한의 대결 구도에서 한미동맹은 전쟁 재발을 방지하는 보호벽이지만, 동시에 평화를 막는 장벽이다. 과거 냉전 시기에는 보호벽의 역할이 더 컸지만, 현재 그리고 미래에는 평화를 막는 장벽의 역할이 더 커졌다. 동맹이 평화의 유일한 대안이 될 수 있는 경우는 동맹이 전쟁을 피할 유일한 기회일 때만 가능한 얘기다.

김정은 위원장은 남북한이 동족이 아니라 적대적인

두 국가 관계라고 언급한 바 있다. 이러한 현재의 대결 구조 속에서 무력 충돌을 억지하는 군사동맹의 유효성이 없는 것은 아니다. 그러나 한미동맹이 우리가 바라는 지속 가능한 일상의 평화를 가져다줄 수 없다는 사실 역시 분명히 인지하고 있어야 한다. 따라서 한미동맹에 대한 과도한 의존을 버리고 진정한 자주적 평화를 위한 노력을 멈추지 않아야 한다.

문제는 전쟁과 분단의 산물인 한미동맹이 70년을 넘어 80년을 바라보는 긴 시간 동안 한반도를 규정하는 질서로 고착되었고, 이 때문에 엄청난 관성이 작동한다는 사실이다. 한미동맹에 의존하는 것은 너무도 익숙하고 쉬운 '현상 유지status quo'인 반면, 남북이 화해와 협력을 통해 평화 체제로 가는 것은 너무도 어려운 '현상 변경changing status quo'을 동반한다. 비핵화를 추진하고 평화 과정을 진전시키는 일은 남북 모두에게 기존 안보 체제에 불확실성과 문제를 야기한다. 불확실성은 자연스레 사람들이 새로운 질서를 환영하기를 꺼리게 만든다. 결국 현상 유지가 문제와 고통을 안고 있더라도 그것은 이미 익숙한 것이며, 그로 인해 현재를 견딜 수 있게 하기 때문이다. 한미동맹은 이미 관성을 넘어 중독의 상태라고 정의할 수 있다. 따라서 변화를 위해 엄청난 의지와 비용을 들여야 하는 문제다. 알콜 중독 치료나 마약 중독 치료에서 금단현상이 얼마나 지독한가를 생각해보면, 단순히 "그냥 잘해보자"는 말로는 부족한 점이 많다. 대한민국의 미래를 위해 혁명에 가까운 인식의 전환과 과감한 결단이 요구된다.

앞에서 지적했듯이 한반도에서 남북이 화해 협력을 통해 상호 위협을 제거하면, 한미동맹의 정당성이 약화할 가능성이 커진다. 남한 내의 보수파는 이런 상황을 수용하기가 쉽지 않다. 미국도 한반도에서 이런 변화가 초래할 결과를 우려한다. 이러한 맥락에서 역대 진보 정부가 북한과의 외교적 교류에 나서면서도 한미동맹 강화를 외치는 일종의 줄타기를 운명적으로 수행할 수밖에 없었다. 역대 진보 정부의 평화 구상이 이중성과 모순점을 보인 이유다. 기존에 존재했던 억지 기반의 안보 체제를 유지하려 하면서도 남북 관계 개선을 통해 이를 전환하려는 시도는 긴장과 충돌을 낳을 수밖에 없었다. 김대중부터 이재명까지 한반도 평화를 위한 남북한 화해와 협력을 추진하는 것이 한미동맹을 희생시키는 것이 아니라고 아무리 강조하더라도, 동맹 약화의 프레임에서 벗어나기 어려웠다. 그러다 보니 한미동맹을 강조하는 것도 모자라, 국방 예산을 늘리고 미국으로부터 무기를 도입해 동맹 강화에 얼마나 진심인지 강조해왔다.

현실적인 이유도 있다. 한반도 평화프로세스의 성공을 위해서는 미국과의 긴밀한 협조가 필요하며, 최소한 방해가 없어야 한다. 예를 들면 2018년 문재인 정부는 당시 한반도 평화프로세스가 냉전 시대의 억지력 구조와 한미동맹에 어느 정도 조정을 초래할 수는 있지만, 한반도의 비핵화와 평화가 달성된 후에도 한미동맹은 국가안보의 주요 기둥으로서 계속 유지될 것이라고 거듭 강조했다. 그럼에도 한미동맹 약화에 대한 비판은 멈추지 않았다. 그렇다면 과감히 프레임을 전환해야 한다. 한미동맹이 흔들리더라도 자주적인 평화체제로 과감하게 이동해야 한다. 이미 반복적으로 강조했듯이, 억지력의 약점은 안보 딜레마를 영속화한다는 데 있다. 한반도는 비핵화를 기반으로 한 공동 안보를 위한 견고한 평화 메커니즘이 절실히 필요하다. 이는 대한민국을 전쟁의 공포에서 해방할 뿐만 아니라, 경제에서 언제나 장애물로 작동했던 코리아 디스카운트를 줄여 국가 번영에 크게 기여할 수 있다.

한국의 국방력과 더불어 한미동맹은 군사적 억지력을 통해 또 다른 전쟁을 막아왔고, 2018년 9·19 남북

군사합의•는 국지적 충돌을 방지하는 장치로 기능해왔다. 이는 노르웨이의 사회학자 요한 갈퉁Johan Galtung의 분류법에 의하면 '부정적 또는 소극적 평화negative peace'다. 소극적 평화는 전쟁이나 테러, 범죄, 물리적 폭력과 같은 명백한 분쟁은 없지만 불신과 적대는 여전히 존재하는 상태를 말한다. 요한 갈퉁은 평화의 불안정함을 지적하며 진정한 평화를 달성하려면 복잡하고 어렵지만, '긍정적 또는 적극적 평화positive peace'로 나아가야 한다고 역설한다. 예를 들어 전쟁에서 휴전이 시행되면 부정적 평화가 도래하는데, 폭력과 침략만 중단된 상태이기에 부정적이라고 부른다. 긍정적 평화는 당사국의 관계 회복과 전체 국민의 요구를 충족시키는 사회 시스템 구축, 갈등의 건설적 해결 등 새로운 역동성으로 가득 차 있다. 평화는 모든 갈등의 완전한 부재를 요구하지는 않지만, 모든 형태의 폭력 배제와 건설적인 방식을 통한 갈등 해결과 관리, 그리고 관련된 모든 이들의 정당한 요구와 이익에 대한 존중을 의미한다.

평화 지키기에 집중된 국방력과 한미동맹으로는 적극적 평화가 불가능하다. 2000년과 2007년의 정상회

• 남북한이 제3차 남북정상회담을 통해 서명한 군사 관련 합의. 2023년 11월 23일, 북한의 전면 폐기 선언으로 합의가 완전히 무력화됐다.

담, 그리고 2018년의 판문점-평양-싱가포르 회담은 모두 정전 체제를 평화 체제로 바꾸려는 외교적 시도였다. 그러나 적극적 평화의 길은 여전히 멀고 험하다. 협상은 정권의 교체나 정치적 계산에 따라 중단되기 일쑤였고, 한반도 문제는 여전히 '비핵화'와 '체제 보장'이라는 두 단어 사이에서 꼬여버렸다. 대화의 끈이 끊기면, 평화는 언제든 다시 불안정한 균형으로 되돌아갔다.

평화를 만드는 일은 전쟁을 일으키는 것보다 어렵다. 총을 내려놓는 데는 하루면 충분하지만, 신뢰를 회복하는 데는 여러 세대가 걸릴 수 있다. 전쟁의 상처를 치유하고, 적대의 구조를 평화의 구조로 바꾸는 일이다. 남북이 경제와 사회, 문화적으로 연결되고, 분단 세대가 협력과 교류 속에서 새로운 관계를 만들어가는 과정이다. 개성공단과 금강산 관광은 그런 의미에서 평화 구축의 실험이었다. 정치와 군사의 대립을 넘어, 주민이 만나고 함께 일하며 신뢰를 쌓는 과정이었다. 그러나 이마저도 정치적 상황에 따라 중단되면서 평화의 뿌리는 깊게 내리지 못했다. 적극적 평화는 제도의 문제가 아니다. 평화는 정부가 '선언'하는 것이 아니라, 시민이 '체험'하는 것이어야 한다. 혐오와 적대의 언어가 공존과 존중의 언어로 바뀌어야 한다. 교육과 언론, 문화와 공동체의 차원에서 '평화의 문화'를 키우는 일이야말로 장기적이고 지속 가능한 평화의 토대다.

한국의 군사적 준비 태세와 한미동맹을 통한 평화 유지는 여전히 중요하다. 하지만 한미동맹이 다소 약화하더라도 한반도 평화가 확보되는 것이 더 나은 선택지다. 같은 논리로 북한의 핵무기는 억지는 가능하지만, 평화에는 장애물이다. 한반도 평화를 위해서 군사동맹과 함께 북한의 핵도 사라져야 한다. 그런 점에서 슬기로운 동맹 생활의 최고 시나리오는 남북 관계의 개선, 한반도 동시 비핵화, 그리고 종국적으로 통일이다.

분단이 고착되고 남북 관계가 단절되면서 점점 통일을 바라는 사람들이 줄어들고 있다. 구태여 어렵게 통일하는 것보다 한 세기 가까이 오랜 기간 이어진 분단이 더 편하다는 생각일 것이다. 독일통일 이후 진정한 통합이 어려웠던 과정을 목격한 것도 영향을 주었다. 특히 청년 세대는 통일이 필요 없다는 생각이 크다. 서울대 통일평화연구원이 2025년 한국갤럽에 의뢰해 조사한 결과 20대의 50.7퍼센트가 통일이 불필요하다고 응답했다. 2007년 조사를 시작한 이래 처음으로 절반을 넘어섰다. 통일 반대 또는 포기에 대한 젊은 세대의 생각은 이해할 수 있다. 하지만 간과하고 있는 것이 있다. 그것은 '나쁜 통일'과 '좋은 분단'을 자의적으로 비교하는 잘못이다. 통일이 어렵고 엄청난 대가를 치러야 하는 과정이기는 하지만, 분단 비용은 더 막대하다. 단지 우리가 분단 비용에 익숙해졌을 뿐이다. 분단이 항상 좋은 분단(?) 상태, 즉 평화로운 분단이 지속된다는 보장이 없다는 점이다. 전쟁의 결과물인 분단 체제가 해체되지 않고서는 지속 가능한 평화는 불가능하다.

노벨문학상 수상 작가 한강이 2017년 10월 트럼프가 세계가 본 적이 없는 "화염과 분노Fire and Fury"를 들먹이며 전쟁을 위협할 때 《뉴욕 타임스》에 기고한 글은 중요한 통찰을 준다. 제목은 〈미국이 전쟁에 대해서 말할 때 한국은 몸서리친다While the U.S. Talks of War, South Korea Shudders〉이다. "외국인들은 한국 사람들이 북한에 대해 이해하기 힘든 태도를 갖고 있다고 보도했다. 전 세계의 나라들이 북한을 공포스럽게 바라볼 때도, 한국 사람들은 이상하리만치 평온한 모습을 보이고 있다는 것이다.… 그런데 이런 차분함이 정말 보는 것만큼 한국 사람들이 무관심하다는 사실을 보여주는 것일까? 모든 사람이 정말 전쟁의 두려움으로부터 초월한 것일까? 그렇지 않다. 오히려 수십 년간 축적된 긴장과 공포가 우리 내면에 쌓여 있고, 그것들이 일상의 대화 속에서 문득 떠오른다."

우리는 아닌 척하지만 늘 걱정하고, 자주 공포에 사로잡힌다.

6장

미국을 조금 아는 한국인, 한국을 전혀 모르는 미국인

미국을 조금 아는 한국인

대다수 한국인이 생각하는 미국은 어떤 모습일까? 트럼프 정부의 등장으로 많이 바뀌긴 했지만, 여전히 한국인들에게 미국은 대체로 긍정적인 이미지로 각인되어 있다. 미국은 자유와 기회의 상징이며 유학과 이민, 취업 등에서 선호도가 높은 나라다. 세계적인 경쟁력을 확보한 한국의 제조업이 미국의 기술을 가장 필요로 한다는 점도 부인할 수 없다. 한국인은 미국이야말로 첨단 기술의 본고장임을 잘 알고 있다. 하버드대와 예일대 같은 글로벌 대학과 애플, 구글, 엔비디아 같은 글로벌 기업을 보유한 미국을 외면하거나 적대시해서는 생존하기 어렵다. 한국에 미국은 여전히 절대적으로 의지하는 대상이고, 배워야 하는 나라에 가깝다. 한류가 지금 전 세계적으로 돌풍을 일으키고 있지만, 한류가 미국의 문화에서 비롯되었다고 생각하는 사람도 꽤 있다. 심지어 K-팝이 미국 팝 문화의 변형이라고 낮춰서 말하는 사람들도 있다.

미국을 부정적으로 바라보는 시각도 당연히 있다. 세계 패권국이지만, 실제로는 그 패권의 힘을 사용해 자국 이익만 챙긴다는 비판도 존재한다. 총기 문제와 인종차별, 마약 중독 등 사회문제를 양산하는 나라라는 이미지도 강하다. 즉 선진국이고 우리가 따라가야 할 나라이기는 하지만, 문제도 매우 많은 나라라고 인식한다. 한국인의 대미 인식이 과거와 비교해 달라진 점은 한미동맹의 중요성에는 공감하지만, 한국이 미국에 지나치게 의존적인 반면, 미국은 한국을 존중하지 않고 마음대로 행동한다는 비판적 인식이 늘어나고 있다는 것이다. 특히 최근 트럼프의 일방적 행보에 대한 반감이 급속도로 증가하고 있다. 국제 규범은 물론이고 국가 간의 약속을 자기 필요에 따라 헌신짝처럼 버리는 트럼프는, 그가 미국 전체를 대표하는 인물은 아니라고 하더라도 한국인들의 미국에 대한 긍정적인 이미지를 엄청나게 훼손하고 있다.

한국인이 미국을 '조금' 안다고 이야기한 이유는 하나의 렌즈로만 미국을 바라보지 않기 때문이다. 과거와 다르게 미국에 대한 맹목적인 긍정이나 숭미적 인식은 점점 줄어들고 있다. 특히 젊은 세대가 그렇다. 이들은 유튜브와 넷플릭스를 통해 미국의 현실을 생생히 접한다. 인종차별과 반이민, 총기 난사, 빈부 격차, 트럼피즘 등 미국의 모순이 낯설지 않다. 한국 사회가 경제적으로 성장하고 문화적 자신감을 갖게 되면서, 미국을 더 이상 절대적 표상으로 보지 않게 되었다. 미국의 자유로운 문화와 창의성에 매료되면서도, 대외 정책의 이중성과 비합리성에 대해서는 비판적이다. 한미동맹은 여전히 안보의 핵심이지만, 동시에 자주권을 제약하는 구조로 인식하기도 한다. 특히 미군 기지 문제나 방위비 분담 논쟁은 미국의 영향력을 한국인으로 하여금 단순한 '보호'가 아니라 '통제'로 느끼게 만든다.

영어, 할리우드 영화, 팝 음악, 패션 등 문화적 차원에서 미국은 여전히 한국인의 일상에 깊게 들어와 있다. 동시에 K-콘텐츠의 부상으로 한국이 미국에 문화를 '수출'하는 시대가 되면서, 한국인은 점점 더 대등한 시선으로 미국을 바라보기 시작했다. 결국 한국인은 미국에 대해 이중적인 감정을 갖게 되었다. 한편으로는 이상과 동경의 나라, 다른 한편으로는 비판과 자각의 대상인 나라다. 과거에는 '배워야 할 나라'였다면 오늘날에는 '함께 토론할 나라'로 변화하고 있다. 한국인의 대미 인식은 이제 종속적인 감탄의 대상에서 벗어나, 냉정한 현실 인식과 주체적 판단의 대상으로 이동하는 중이다. 이것은 아직 진행형이지 완성형은 아니다. 한국인의 대미 인식이 자주적이고 균형적이라고 하기에는 아직 부족하다. 사회 전체가 균형적인 대미 인식을 지니게 된 것이 아니라, 이념과 진영에 따라 편향적인 인식을 가지고 있기 때문이다. 그래서 한국인이 미국을 알기는 하지만, 조금만 알고 있다고 잠정적인 결론을 내리는 것이다.

한국을 전혀 모르는 미국인

미국인이 생각하는 '한국'은 사람마다 다르겠지만, 대체로 수렴되는 이미지가 있다. 미국인에게 한국은 'K-컬처'라 불리는 드라마, 영화, 뷰티 산업과 첨단 산업인 자동차와 반도체 등의 영향으로 긍정적인 이미지가 제고됐다. 특히 젊은 세대 사이에서 한국을 향한 관심은 가히 폭발적이다. 내가 만난 미국인들은 거의 예외 없이 자기 자녀들이 K-팝에 미쳐 있다고 말한다. 이미 오래전부터 한국인은 교육 수준이 높고, 매우 열심히 일하는 국민이라는 인식도 폭넓게 퍼져 있다. 건강하고 맛있는 음식이라는 이미지를 가진 다양한 한식도 미국 내에서 인기를 끌고 있다. 미국처럼 총기 보유를 할 수 없고, 치안이 확보된 안전하고 현대적인 나라라는 인식도 있다. 미국에서 총기 난사 사건이 많아지면서 한국으로의 역이민을 심각하게 생각하는 재미교포도 많아졌다.

반면에 부정적인 인식도 꽤 많다. 한국에 관심이 있고 비교적 잘 아는 사람들 중 비판적인 시각을 가진 사람들은 한국을 지나친 경쟁 사회와 교육 시스템, 높은 사교육비의 나라로 인식한다. 또한 남성 우월 사회로서 여성 인권이나 젠더 문제에 있어 후진적인 상태라고 보기도 하며 외모 지상주의로 인한 성형 천국이라는 이미지도 가지고 있다. 동북아는 한반도를 중심으로 지정학적 위험이 항상 도사리고 있는 곳이라는 우려의 시선도 상존한다. 대표적으로 북한 문제에 미국이 연루될 가능성이 있다는 인식이다.

하지만 여전히 많은 미국인이 한국을 제대로 알지

못한다. 여기에는 미국이 세계 어떤 나라보다 자기중심적인 사고를 하고 있다는 사실이 크게 작용한다. 세계사는 서구의 역사와 냉전 구도 안에서만 다뤄진다. 미국인에게 아시아를 대표하는 나라는 여전히 일본과 중국이다. '코리아'는 여전히 남북한을 구분하기 어려운 이름이며, '한국전쟁'의 이미지로 각인돼 있다. 심지어 어떤 이는 "한국은 중국의 일부 아닌가요?"라고 묻거나, 드물게는 "서울이 도쿄 근처에 있는 건가요?"라고 묻기도 한다. 미국인이 한국에 대해 아는 것은 문화적 이미지에 한정된다.

문제는 미국이 한국에 대해 굳이 알아야 할 필요성을 느끼지 않는다는 데 있다. 트럼프와 트럼프 정부를 구성하는 미국 엘리트는 한국을 잘 모를뿐더러 알려고 하지 않는다. 세계 패권국의 시민으로 살아가는 그들은 타국의 역사를 자신들의 '서사 속 부속물'로 여긴다. 한국전쟁은 미국의 '냉전 승리'의 일부이고, 한미동맹은 미국의 희생을 바탕으로 한 '자유세계의 수호'라는 이미지로 인식된다.

이런 인식의 불균형은 한미 관계의 뿌리 깊은 문제다. 서로를 진정으로 이해하지 못한다면 동맹은 지속 가능하지 않을 것이다. 이런 문제에 우리의 책임도 간

과할 수 없다. 우리는 미국에 이러한 인지 부조화와 차별에 대해서 제대로 문제 제기한 적이 없기 때문이다. 과거 중국에 그랬던 것처럼 사대하는 국가가 바뀌었을 뿐이다.

압도적일 때 관용적인 미국

미국에서 정치학 박사과정을 공부할 때 경험했던 일이다. 미국의 수도 워싱턴에 한국전쟁 추모 공원을 만들고 기념비를 세우려는 오랜 노력이 마침내 결실을 보게 되어 1995년 드디어 제막식을 하게 되었다. 근처에 유명한 링컨 기념관이 있고, '연필탑Pencil Tower'이라는 별명을 가진 워싱턴 기념비Washington Monument 사이에 있는 기다란 광장은 영화에도 자주 등장하는 곳이다. 이곳에는 베트남전쟁 추모 공원이 먼저 조성되어 있었다.

제막식을 앞두고 국내의 한 신문사에서 기획 기사를 준비했는데, 한국전쟁 참전 용사와 한국인 전후 세대의 만남이라는 콘셉트였다. 나는 한국전쟁 추모 공원에서 한국전쟁 참전 용사로 유명한 윌리엄 빌 웨버William Bill Weber 대령을 만났다. 미국인의 고귀한 희생 덕분에 한국이 번영할 수 있었고, 전후 세대인 한국인이 미국까지 와서 박사학위를 공부할 수 있게 되었다는 데 대한 감사의 자리였다. 그는 전쟁 중에 오른쪽 팔을 잃었고, 후송 중에 포탄을 맞아 같은 날 오른쪽 다리마저 잃었다. 인터뷰 중에 전투 중 당한 부상의 고통을 묻는 나의 질문에 웨버 대령은 한쪽 팔, 한쪽 다리가 없는 것보다 지금 한반도가 분단된 것이 더 아프다고 했다. 나는 참전 용사들의 희생에 가슴이 아프다고, 그리고 대한민국을 지킬 수 있게 도와주셔서 진심으로 고맙다고 했다. 화기애애한 만남이 이어졌고, 웨버 대령과의 인터뷰 기사는 잘 보도되었다.

기사에는 담기지 않은 뒷얘기가 하나 있다. 공식적인 질문이 끝난 후, 웨버 대령이 내게 더 하고 싶은 말이 있는지 물었다. 나는 골똘히 생각하다가 미국의 희생과 관용 정신이 최근 변한 것 같은데, 이에 대해 어떻게 생각하는지 물었다. 과거에 미국은 위기에 빠진 한국을 구하기 위해 희생을 마다하지 않았는데, 미국에 유학을 와보니 과거와 같은 관용이 없어진 분위기인 것 같다고 말했다. 당시 심각했던 한미 무역 분쟁 탓도 있었지만, 학교 안팎에서 경험했던 인종차별 때문이었다. 한미 관계가 한쪽이 일방적인 도움을 주는 관계보다 평등하고 호혜적인 관계로 가는 것이 더 바람직하지 않겠냐고도 말했다. 웨버 대령은 이러한 나의 지적에 기분이 조금 상한 듯했고, 인터뷰는 어색하게 종료되었다.

미국은 분명 한국전쟁에서 큰 희생을 치렀다. 특히 젊은 군인들의 희생과 죽음은 숭고하며, 덕분에 대한민국이 살아남았다는 것은 부인할 수 없는 사실이다. 다만 한반도 분단에 대한 미국의 책임 소재도 함께 짚어야 한다. 미국은 공식적인 한반도 분단 시점을 1945년이 아닌 1953년으로 자국민들에게 교육한다. 그런데 엄격하게 말하자면 한반도의 분단은 한 번이 아니라 세 차례에 걸쳐 이뤄졌다. 첫 번째 분단은 2차 세계대전 직후 1945년 8월 15일, 연합국의 일방적 합의로 38선이 그어지고, 남북한에 각각 미소 군정이 실시되면서부터다. 두 번째 분단은 1948년, 남한은 8월 15일, 북한은 9월 9일 각각 다른 정부를 수립함으로써 법적인 분단이 이뤄지면서부터다. 그리고 마지막 세 번째는 1953년 7월 27일, 한국전쟁의 결과로 초래된 분단으로, 38선과 유사하나 다르게 그어진 휴전선이 오늘까지 이어지고 있다.

미국은 한반도 분단의 기원을 세 번째 분단인 1953년 7월 27일이라고 간주한다. 미국의 책임을 가리고, 전쟁의 나락에서 절반이라도 구한 미국의 은혜만을 부각하려는 의도일 것이다. 그러나 한민족의 천형, 분단은 강대국 논리에 의해 강제된 것임을 부인할 수 없다. 우리는 2차 세계대전 직후 이념의 대리전을 치렀다. 전쟁을 일으킨 범죄를 묻는다면 독일과 함께 일본이 분단되었어야 맞다. 하지만 한반도가 분단된 것은 결국 대륙의 소련과 중국을 견제하기 위한 최적의 조건을 가진 한반도를 완충지대로 삼기 위한 미국의 전략적 고려가 작용했었다는 점을 부인할 수 없다. 나아가 분단을 의도적으로 획책했거나, 아니면 최소한 적극적으로 막지 않았던 것은 냉전 대결의 방어망을 한반도 안에 묶어두는 것이 가장 손쉬운 방법이었기 때문이다. 제국주의로 인한 피해를 보상받지 못한 것도 억울한데, 이념의 대리전으로 우리는 겪지 않았어야 할 부당한 전쟁과 분단으로 만신창이가 되었다. 한반도의 분단은 여전히 해소되지 않았고, 정전 체제가 지속되고 있다. 최근에는 강대국의 패권 경쟁과 신냉전 구도가 부활하면서 한반도는 다시 한번 분단 구조의 부조리와 그에 따른 피해 앞에 놓이게 되었다.

LA 폭동과 효순·미선 사건

1992년에 일어난 LA 폭동은 미국 사회는 물론이고, 한국인, 재미교포, 그리고 한미 관계에 큰 영향을 미친 사건이다. 1992년 백인 경찰에 의한 흑인 로드니 킹Rodney King 집단 폭행 사건의 무죄 평결 이후 촉발된 것으로, 단순히 미국 사회의 고질적인 문제인 인종 갈등을 넘어 미국 내 이민자, 도시 빈곤, 치안 시스템, 그리고 한미 관계 인식에 중요한 전환점이 된 사건이다. 이 사건은 한미동맹이라는 '특별한' 관계에 있는 미국이 한국인 이민자들의 삶을 어디까지 보호할 수 있는가라는 질문을 던졌다. LA 폭동은 한국 사회의 대미 인식과 한미 관계를 바라보는 한국인의 감수성에 깊은 흔적을 남겼다. 당시 한국계 상점 2,300여 곳이 흑인들에게 불타고 약탈당했지만, 미국 경찰은 외면했다. 폭동이 일어난 근본 이유는 미국의 흑백 갈등이었지만, 그 결과는 한국계와 흑인의 대결로 둔갑했다. 폭동이 일어난 곳에 한국계 상점이 많았던 이유는 빈곤 지역의 저렴한 임대료 때문이었다. 그런데 이러한 사실이 한국 사람들이 가난한 흑인 지역에 와서 흑인들을 착취했다는 식으로 프레임화되면서 흑백 인종 갈등이 '한흑 갈등'으로 바뀐 것이다.

한국계가 표적이 된 이유는 단순하지 않다. 흑백 갈등이라는 미국의 오래된 균열이 도시 빈곤과 공권력의 편파성 위에 겹쳐진 가운데, 한국계 상인들이 그 틈새에서 희생양이 되었다. 미국의 공권력이나 언론 역시 이 문제를 한흑 갈등으로 몰아갔다. 한국계 상인들은 지역 정치에도, 언어적·제도적 보호망에도 거의 연결되어 있지 않았다. 흑인 공동체의 박탈감은 가장 가깝고 취약한 이민 사업자들에게 향했고, 백인 경찰은 해당 지역에 대한 책임을 방기했다. 미국 당국의 공권력 부재 속에 한국계 상인들은 스스로 무장하고 터전 지키기에 나섰다. 궁여지책의 자위권 발동이었지만, 미국의 주류는 이런 겉모습만 보고 빈곤한 흑인을 착취한 재산을 지키기 위해 무장까지 했다는 식으로 몰아갔다.

이 사건이 가져온 파장은 단순히 동포 사회에만 국한되지 않았다. 한국이 전적으로 의존해온 미국이 유사시에 한국인을 지켜주지 않는다는 불신이 많은 한국인에게 생겨났다. 대미 신뢰감이 깨진 계기가 된 것이다. 물론 이 사건은 미국 내에서 일어난 것이고, 한반도 유사시 미국이 한국을 지켜줄 것인가에 대한 직접적인 예는 아니었다. 그러나 한국인으로서는 이 문제를 함께 연관 짓지 않을 수 없었다. 한국전쟁 이후 미국은 한국인의 상상 속에서 일종의 보호자이자 우방으로 자리해왔으나, LA의 현실은 그 환상을 무너뜨렸다. 이 사건은 동맹에 대한 보다 현실적·정치적 판단이 필요하다는 인식이 확장되는 계기가 됐다. 미국과 한국이 중요한 동맹이라는 사실은 변하지 않는다고 하더라도, 동맹은 결코 만능이 아니며 모든 상황에서 한국인을 지켜주는 보호막도 아니라고 인식하게 된 것이다.

한미 관계에 관한 근본적인 질문을 던지게 만든 두 번째 사건은 '효순·미선 사건'이다. 2002년 6월 13일, 경기도 양주의 한 시골길에서 미2사단의 장갑차가 두 여중생을 치어 숨지게 하는 사건이 일어났다. 단순 사고로 마무리될 수도 있는 사건이었지만, 사고 후에 사건의 본질이 드러났다. 신효순과 심미선이라는 이름을 가진 14세 소녀들의 비극적인 죽음은 역사적 사건으로 비화하여 한미동맹의 불평등한 현실을 드러냈다. 두 소녀의 죽음은 처음에는 미군이 저지른 여타의 사건들과 비슷하게 흘러갔다. 하지만 그렇게 묻히기엔 그 정도가 너무 처참하고 너무 어린 나이의 죽음이었다. 여기에 미군의 무법천지로 변한 경기도 북부 지역 주민들의 그동안 쌓여온 분노와 "미군의 잘못이 없다"라는 미군 고위 간부의 발언이 더해지면서 조용히 묻힐 뻔했던 사건에 불이 붙었다.

당시 경기 북부에서는 미군이 한국인을 대상으로 저지르는 범죄가 빈번하게 발생했다. 하지만 그때마다 한국의 경찰·검찰 조사가 제대로 이뤄진 적이 없었다. 1966년 7월 한미 상호방위조약에 따라 체결된 SOFA 때문이었다. 공무 중 발생한 사건은 재판권이 미국에 있어 사실상 한국의 조사·재판은 불가능했다. 살인 등 12개 중대 범죄를 저지른 경우에도 검찰 기소가 이루어졌을 때에는 미군의 신병 인도가 가능하지만, 기소 전 신병 인도는 미군 판단에 따라 이뤄지기에 제한적이다. 사실상 미군에게 한국은 무법 지대나 마찬가지인 것이다. 미군에 의한 한국인 대상 범죄는 효순·미선 사건 전후로 끊임없이 반복되고 있다. 과거 1992년 동두천시 기지촌에서는 미군클럽에서 일하던 20대 여성이 미군에 의해 잔혹하게 살해된 '윤금이씨 살해 사건'이 있었다. 최근에는 미군 훈련 중 발생한 오발탄이 사격장 인근을 지나던 차량에 박히거나 미사일이 잘못 떨어지는 등의 사건 사고가 발생했다. 2024년 10월에 발간된 주한미군 관련 통계에 따르면 2023년 한 해 미군 범죄 발생 건수가 약 600건을 넘겼지만 수사나 처벌은 미진했

으며, 이와 관련된 SOFA 개정도 이뤄지지 않았다.•

효순·미선 사건도 유사하게 처리되었다. 사고가 난 이후 유족들은 당시 사고 차량의 너비가 도로 폭보다 넓었는데 마주 오던 차량과 무리하게 교행을 시도했다는 점을 제기하면서 예견된 살인 행위였다고 주장했다. 그러나 미군은 SOFA 협정에 따라 미국 군사 법정에서 해당 재판을 진행했고, 결국 가해 미군들은 무죄로 석방되었다. 사고가 고의가 아니었고, 훈련 중 피치 못하게 발생했다는 이유였다. 한국 땅에서 한국의 어린 두 국민이 희생됐지만, 한국의 법은 그들에게 단 한 번도 다가가지 못했다는 부조리한 현실은 국민의 분노를 불러왔다. 처음부터 미군의 잘못이 아니라 소녀들의 부주의 탓으로 돌리려는 미국에 대한 반감과 함께, 미국에 한마디도 못 하는 한국 정부에 대해 국민은 분노했다. 수만 명의 시민이 거리로 나와 촛불을 들었다. 효순·미선 사건은 이 땅의 주권은 누구에게 있는 것인가라는 근본적인 물음을 한국 사회에 던졌다. 미국의 보호 아래 안보를 누리고 있지만 동시에 자주성을 잃은 그 현실의 모순이 국민 마음속에서 폭발했다. 이때의 촛불은

• 노유정, "작년 주한미군 범죄 600건 육박… 피해 늘어도 수사·처벌 솜방망이", 《파이낸셜뉴스》, 2024.10.1.

단순한 분노의 상징이 아니었다. 자주自主와 민주주의가 만나는 지점이었다. 이후 2008년 미국산 쇠고기 반대 촛불집회, 2016년의 박근혜 퇴진 촛불, 그리고 2025년 윤석열 퇴진 촛불로 이어지는 시민 저항의 뿌리가 바로 이때 시작되었다.

한국 정부는 이 사건에 대해 미국 측에 정식 사과와 SOFA 개정을 요구했지만, 돌아온 것은 무성의한 유감 표명뿐이었다. 국민은 미국의 태도에 실망했고, 일부에서는 주한미군 철수를 요구하는 시위까지 벌어졌다. 이듬해 출범한 노무현 정부는 효순·미선 사건 이후 높아진 자주 여론을 반영했다. 노 대통령은 '자주적 한미 관계'를 천명하며 용산기지 이전, 전시작전통제권 환수 추진 등 한미동맹 재조정에 나섰다. 이는 동맹을 무너뜨리려는 시도가 아니라, 비정상적 종속 구조를 바로잡으려는 노력이었다. 그러나 미국은 이를 불편하게 바라보았고, 한국 내 보수 세력은 이를 동맹 훼손으로 몰아붙였다. 자주와 종속, 평등과 현실 사이의 긴장은 그때부터 지금까지 한미 관계의 본질적 모순으로 남아 있다. 그로부터 20여 년이 지났지만, 근본적인 문제는 여전히 해결되지 않았다. 미군 범죄에 대한 한국 사법당국의 권한은 여전히 제한적이고, 기지 주변의 환경오염

문제나 방위비 분담 협상에서도 한국의 협상력은 제한되어 있다. 효순·미선 사건 당시 국민이 외쳤던 SOFA 개정 요구는 여전히 미완의 과제다. 한국 사회는 여전히 미국의 '안보 울타리' 속에서 자주와 의존 사이의 균형을 찾지 못한 채 서 있다.

한미동맹은 분명 한국 안보의 근간이다. 그러나 그것이 미국이 한국의 민간인에게 피해를 입혀도 된다거나 불평등한 동맹을 유지해도 된다는 의미는 아니다. 진정한 동맹은 한쪽의 희생 위에 서지 않는다. 상호 존중과 대등한 관계 속에서만 지속할 수 있다. 효순과 미선의 이름은 세월 속에 희미해졌지만, 그들이 남긴 질문은 여전히 유효하다. 그 사건 이후 협정은 일부 개정되었으나 불평등성은 여전히 고쳐지지 않았다. 동맹의 이름 아래 가려진 불평등을 직시하지 않는다면, 그날의 비극은 반복될 것이다. 두 소녀의 죽음은 곧 국가 존엄의 죽음이었다. 그 존엄을 되찾지 못한다면, 우리는 여전히 반쪽짜리 주권국가로 머무를 수밖에 없다.

트럼프의 관세 압박을 바라보는 한국인의 인식

한국에서 트럼프의 관세 압박은 단순한 무역정책의 변

화라기보다는, 동맹 균열의 신호이자 미국이 동맹의 신뢰를 무너뜨리고 한국의 재정을 갈취하는 것으로 인식될 수 있다. 한미 관계가 신뢰를 기반으로 한 동맹 관계가 아니라 거래와 협박이 지배하는 비대칭 관계로 전락했다는 생각이 퍼졌다. 안보를 지렛대로 한 불평등한 경제 요구, 그것은 보호비 장사와 다르지 않다. "동맹이라 쓰고, 종속이라 읽는다"라는 말이 널리 퍼진 이유다.

반면 미국의 시각은 전혀 다르다. 트럼프의 관세정책은 공화당과 그 지지자들에게는 미국의 경제 재건을 위한 정당한 조치로 받아들여졌다. 특히 제조업 붕괴로 일자리를 잃은 중서부 지역 유권자들에게 트럼프의 관세정책은 미국을 다시 위대하게 만들겠다는 약속을 지킨 것으로 해석할 수 있다. 관세는 미국을 불공정하게 이용해 막대한 흑자를 누려온 동맹국과 우방국들에 대한 정의의 실현이다. 민주당을 비롯한 자유무역 엘리트들이 외면했던 미국 내 산업 노동자들의 복수를 트럼프가 해준 것이다. 문제는 트럼프의 경제 민족주의가 한때의 일탈이 아니라는 점이다. 바이든 행정부조차 'IRA(인플레이션 감축법)'와 '반도체 지원법'으로 미국 이기주의 정책을 펼친 바 있다.

조지아주에서 벌어졌던 폭력적인 이민 단속과 한국

인 구금 사태 역시 한미 간의 인식 차이를 극명하게 보여주었고, 한미동맹의 기울어진 현실을 재확인하는 계기가 되었다. 한국에서는 미국에 대한 분노와 배신감이 터져 나왔지만, 정작 미국 내에서는 이 문제를 제대로 인식하지 못했다. 이는 단순한 정보 격차가 아니라, 한미 관계를 바라보는 근본적인 인식의 틀에서 비롯된 것이다. 한국의 시각에서 조지아 사태는 동맹국 국민을 마치 테러범처럼 부당하게 다룬 사건이다. 특히 한국인 다수는 미국을 자유와 인권의 나라로 여기며 한미동맹을 같은 가치를 공유한 관계로 믿어왔기에, 미국 경찰이 불법체류 단속 과정에서 한국인 체류자들을 무차별적으로 연행하고 구금한 소식은 충격이었다.

이에 반해 미국의 시각은 달랐다. 워싱턴이나 애틀랜타의 정치인과 행정 관료들에게 조지아 사태는 미국 이민법 집행의 일환일 뿐이다. 트럼프의 반이민정책에 영합하기 위한 실적 달성의 경쟁 체제가 낳은 무리한 법 집행이 명확했으나, 그것을 미국의 연방정부나 지방정부가 시인할 리는 없다. 그들에게 한국은 우방이지만, 법 적용에 예외가 될 수는 없다고 합리화한다. 트럼프나 러트닉 상무부 장관도 조지아주 이민 단속이 합법적인 행동이었다고 옹호했다. 한국은 한미동맹을 '감정'적으로 이해하지만 미국은 '제도'적으로 접근하는 것이다.

나는 국회 외교통일위원회에서 조지아 사태에 대한 비판의 목소리를 높였었다. 미국에 대해서는 한마디도 못 하면서 우리 정부 탓만 하는 국민의힘을 비판했다. 바이든 정부 때 미국 상하원 합동회의 연설에서 윤석열 대통령이 "조지아!, 조지아!"를 자랑스럽게 외쳤지만 미국으로부터 그 어떤 반대급부도 받아내지 못했던 사실을 상기시켰다. IRA에서 전기차 보조금도 얻어내지 못하고 투자에 꼭 필요한 취업 비자 쿼터도 확보하지 못한 채, 〈아메리칸 파이〉만 열창했던 결과가 조지아 사태라고 꼬집었다. 아울러 이재명 정부도 비판했다. 구금되었던 우리나라 사람들이 언론과의 인터뷰에서 "(급습의) 낌새가 있었다"라고 언급했던 사실과, 2000년에 조지아에서 한국인 33명이 추방되었던 전례도 있다고 지적했다. 이어서 나는 우리 정부가 미국에 비자 문제를 풀지 않으면 향후 투자가 어렵다고 통보해야 하고, 국내에 체류하고 있는 미국인들의 비자 상태도 전수조사해야 한다고 강조했다. 특히 한국에 관광비자로 들어와 영어를 가르치는 미국인에 대한 실태 조사도 해야 미국이 긴장할 것이라고 말했다(이후 영어강사

abc NEWS

immigration laws."

'They treated our workers...like a terrorist'

The workplace raid was the result of Trump's aggressive immigration crackdown -- a policy that at times clashed with his economic ambitions. It shattered the perception of the U.S among many South Koreans, coming just weeks after their government pledged to invest $350 billion in the U.S.

Kim Joon Hyung, a member of South Korea's National Assembly, said he was stunned.

"We -- all Koreans -- think the U.S. is a model for human rights," he said. "But the scene that we saw, is like they treated our workers, even with a residence card and the right visa, they treated [them] like a terrorist."

문제는 이재명 대통령이 기자회견에서 인용한 바 있다).

나는 2025년 11월 3일(현지 방송 11월 10일) 미국 ABC 방송국과 심층 인터뷰를 진행했다. 인터뷰에서 조지아 사태를 언급하며 한국의 전문가들이 미국을 돕기 위해 간 것인데, 이들을 마치 중범죄자나 테러리스트로 취급한 것에 대해 비판했다. 그리고 이 사건을 대한민국 국민이 보고 엄청나게 충격받았다는 사실을 전했다. 그런데 인터뷰 도중 미국 기자가 미국인들은 한국의 기술자들이 이번 기회에 미국에 와서 살기를 원하는 것 아니냐고 생각하고 있는데, 이에 대해 어떻게 생각하는지 물었다. 나는 기자에게 아직도 그렇게 생각하는 미국인들이 있다는 사실에 놀랐고, 이미 한국에서도 좋은 대우를 받으며 잘살고 있는 한국의 기술자들이 미국에 가서 살기를 원하지는 않을 것이라고 반박했다. 또 이번 사태로 말미암아 그들은 다시 미국에 재입국하고 싶어하지 않는다는 입장이라고 전했다. 그리고 조지아 사태는 동맹의 비대칭성을 재확인하는 계기가 되었다고 말했다.

이제 70년을 훌쩍 넘긴 한미동맹에서 동등한 관계는 여전히 요원하다는 현실을 조지아 사태는 냉정하게 알려주었다. 문제는 동맹의 구조적 불균형도 있지만 불균형을 때로는 아닌 것처럼, 때로는 자연스러운 것처럼 받아들여 온 우리의 태도와도 관련이 있다. 우리는 미국을 향한 순진한 믿음, 그리고 현실을 직시하지 못한 외교적 낭만에 갇혀 있다. 이제부터라도 우리는 동맹을 감정이나 가치의 언어가 아닌 철저하게 국익과 자주의 언어로 바꿔야 한다.

신화가 된 한미동맹

앞서 언급했듯 한국인의 대미 인식은 크게 갈라져 있다. 두 개의 다른 미국이 존재하는 것처럼 보이기도 한다. 미국을 바라보는 이러한 상반된 시각은 국내의 진보와 보수 세력을 가르는 가장 확실하고도 분명한 경계선이다.

먼저 미국은 과거 태평양전쟁에서 승리함으로써 제국주의 일본의 식민지 압제에서 한국이 벗어나는 데 결정적인 역할을 했으며, 이어진 한국전쟁에 참전하여 큰 희생을 치르면서 적화통일의 위기에서 한국을 지켰다. 이후 한국은 미국의 원조와 경제적 지원을 통해 초기 경제 발전을 이룰 수 있었다. 한국은 미국식 시장 자본주의와 민주주의 정치제도를 받아들여 오늘날의 성공 신화를 이룰 수 있었으며, 그렇기에 한미동맹은 과거와 현재 모두 우리의 가장 중요한 자산이다. 또한 번영과 민주화를 이뤘지만, 분단이라는 치명적인 안보 환경은 한미동맹의 정당성과 필요성을 지속적으로 부여한다. 한국의 모든 분야에서 한미동맹이 가진 긍정성을 부인하기 어려운 상태인 것이다.

다른 시각에서 바라보는 미국의 모습은 다음과 같다. 미국은 제국주의 일본의 과거사에 눈감아주었을 뿐만 아니라 세계적인 경제 대국으로 성장하는 데 결정적인 도움을 주었으며, 한반도를 희생으로 삼았던 냉전 구조와 분단의 책임에서 자유롭지 못하다. 또한 대한민국이 경제 발전과 민주화를 이루는 데 있어 미국의 공헌을 완전히 외면할 수는 없다고 하더라도, 그 과정에서 미국의 이익을 위해 독재 정권들을 비호했고, 미소 양극체제로 대표되는 초강대국 패권 경쟁의 수단으로 한미동맹을 활용하면서 한국의 국익이나 입장은 거의 고려하지 않았다.

한국 사회에 자리 잡게 된 두 개의 미국은 서로에게 영향을 끼치면서 좀 더 객관적이고 균형적인 대미 인식으로 발전하지 않았다. 오히려 시간이 갈수록 편향된 이미지를 각기 주장하는 배타적 진영으로 나뉘어 싸우는 이념 투쟁의 결정적 변수가 되었다. 사실 지난 세 차례의 진보 정부 역시 친미적 사고의 틀에서 완전히 벗어났다고 할 수는 없다. 미국은 한국의 생존을 위해 어떤 경우든 매달려야 하는 '생명의 동아줄'이 되었다. 그 신화는 한국의 대미 정책이 변수가 될 가능성을 없애버리고 상수로 만들었다.

대안적 인식들도 존재했다. 한국의 지난 역사를 살펴보면 한편으로는 독재 체제에 저항하면서, 다른 한편으로는 미국에 대한 비판적인 견해를 적극적으로 피력한 사람들도 있었다. 대미 비판의 스펙트럼은 다양했다. 미국을 독재 정부의 적극적 동조 세력이자 제국주의 국가라고 비판하면서 미군 철수나 동맹의 완전한 철폐를 주장하는 세력부터, 미국에 비판적이지만 분단 질서가 해체되기 전까지는 미국에 의지할 수밖에 없다는 현실론과, 동북아의 복잡한 국제관계 속에서 미국의 긍정적 역할을 인정하는 세력들까지 다양하게 존재했다. 하지만 한국에서 적극적인 반미 세력은 규모가 크지 않았고, 1980년 광주민주화운동이나 2002년 효순·미선 사건을 포함한 몇몇 예외적 시기를 제외하고는 국민의 지지를 크게 얻지는 못했다. 더욱이 민주화가 달성되고, 냉전이 종식된 후에는 적극적 반미가 설 땅은 점점 좁아졌다.

돌이켜보면 이념적 또는 신화적 친미주의자들은 인식의 편향성에서 단 한 발자국도 벗어나지 않았지만, 비판적 대미 인식을 가진 사람들은 시간이 흐르면서 상대적으로 균형을 향한 조정과 변화를 모색했다. 그러나 전자의 인식을 가진 사람들은 분단 구조와 냉전 체제가 지속하는 덕분에 권력을 독점하다시피 해왔고, 그 권력의 핵심 기반이 반북·친미였다는 점에서 편향적 인식이 내구성을 가지는 데 막대한 공헌을 했다.

미국을 바라보는 새로운 인식도 발견되고 있다. 여전히 분열적이지만 이슈별로, 세대별로 훨씬 더 다면적인 인식들이 나타났다. 과거에 비해 미국을 바라보는 시각이 보다 실용적이고 유연해진 것이다. 오늘날 젊은 세대는 구세대와는 달리 그야말로 다중적이며, 이슈별로 이념을 넘나들기도 한다. 과거처럼 미국을 자유와 기회의 땅이라는 단일한 이미지로 바라보지 않으며, 그렇다고 반미 정서로 통일되지도 않는다. 여전히 미국 영화와 팝 음악을 즐기며 미국 문화를 동경하지만 무조건적으로 긍정하는 것은 아니다. 또한 미국은 특별한 동맹국이지만, 그렇다고 자국의 이익을 희생하면서까지 한국을 위해 행동할 것이라고 기대하지 않는다. 미국은 우리에게 중요한 나라이지만, 절대적이지 않은 여러 선택지 중 하나라고 인식한다. 신화가 된 한미동맹이라는 불변의 명제가 실용성과 다양성을 만나 급격하게 세속화될 가능성이 점점 커지고 있다.

미국을 바라보는 우리의 시선이 성숙해질수록 한미 관계 역시 새로운 단계로 진화할 것이다. 미국을 덜 사랑하거나 더 비판하자는 것이 아니다. 더 평등하고 성숙한 한미 관계로 나아가자는 뜻이다. 미국을 제대로 이해한다는 것은, 결국 우리 자신을 제대로 이해하는 일과 다르지 않다. 각도를 살짝 틀어서 유사한 주문을 미국인에게도 할 수 있을 것이다. 미국은 이제 한국에 대해 제대로 된 관심을 가질 때가 왔다. 일단 자신들이 한국을 모른다는 것부터 인정해야 한다. 이러한 인식의 변화가 없다면 제2의 조지아 사태는 언제든 일어날 수 있다.

3부

동맹의 그늘과 가능성

7장

따로 또 같이: 한미 극우 세력의 준동

극우의 부상

2002년에 개봉한 〈썸 오브 올 피어스〉라는 영화가 있다. 유명 정치 스릴러 작가 톰 클랜시의 원작 소설을 각색했다. 영화를 보는 내내 위태로운 국제질서, 치열한 정보전, 그리고 인간의 오판이 초래할 수 있는 엄청난 재앙적 결과 등 많은 생각이 스쳤다. 대강의 줄거리는 이렇다. 1973년 중동전쟁의 와중에 미국이 이스라엘에 제공하려 했던 소형 핵탄두가 중동 사막 어딘가에서 사라졌는데, 그것이 유럽의 신나치주의자 리차드 드레슬러의 손에 들어간다. 드레슬러는 오스트리아의 갑부이자 전직 의원으로, 아버지가 뉘른베르크 전범 재판에서 유죄판결을 받고 처형당했다. 드레슬러는 의회에서 친나치 발언을 반복하다가 축출당한다. 앙심을 품은 그는 핵폭탄을 습득해 미국의 볼티모어 미식축구경기장에서 터뜨린다. 이에 멈추지 않고 핵폭발을 러시아의 짓인 것처럼 꾸며서 미-러 사이에 핵전쟁까지 유도하려 한다. 대부분의 영화는 주로 핵폭발 직전에 주인공이 가까스로 재앙을 막아내지만, 이 영화는 미국 땅에서 실제로 핵무기가 폭발하고, 그 결과인 아비규환 상태를 보여준다.

드레슬러는 미국과 러시아의 공멸과 함께 나치의 부활을 꿈꾼다. 그가 파시즘을 평가하는 부분이 매우 흥미롭다. 대부분의 사람은 20세기가 공산주의와 자본주의 간 사활을 건 투쟁 기간이었으며, 그에 비해 파시즘은 딸꾹질 정도의 작은 파장에 불과했다고 생각하는데, 이는 틀린 말이라고 드레슬러는 단언한다. 오히려 공산주의야말로 헛수고였고 마르크스의 추종자들은 세상을 떠났지만, 히틀러의 추종자들은 넘쳐나며 다시 번성할 것이라고 주장한다. 히틀러가 성공하지 못한 것은, 극우가 바이러스처럼 확산하기 위해서는 강력한 숙주가 필요하고, 당시에 그 숙주는 독일이었는데, 독일이 패배하면서 함께 소멸했다는 것이다. 그런데 이제는 글로벌 통신, 케이블 TV, 인터넷의 발달로 세상이 변해 극우가 숙주를 필요로 하지 않게 되었고, 공기 중으로 극우 사상의 전파가 가능해졌다. 그리고 흔히 사람들은 히틀러가 미쳤다고 생각하는데, 미친 게 아니라 멍청했던 것이고, 그 이유는 소련과 미국이 서로 싸우게 해야 했는데 독일 혼자서 그 둘을 함께 상대하려다가 실패했기 때문이라는 것이다. 그리고 드레슬러 자신은 이 두 나라를 핵전쟁으로 몰아넣고 최후의 승리를 거둘 것이라고 말한다.

드레슬러의 극중 대사는 사반세기가 지난 오늘날의 현실과도 묘하게 연결된다. 영화에서 음모는 실패로 돌아간다. 주인공의 영웅적 행동으로 미국과 러시아는 가까스로 핵전쟁을 모면하고 드레슬러는 제거당하는 것으로 영화는 결말을 맺지만, 드레슬러의 진단과 예언은 오늘날의 전 세계적인 극우 준동을 예견한 것처럼 보인다. 세계 최고의 국제정치학자 중 한 명인 존 미어샤이머John Mearsheimer를 위시한 다수 학자가 미국과 중국의 비극적 패권 전쟁을 주요 문제로 전망하지만, 극우의 준동으로 국가 이기주의와 인종차별, 그리고 각자도생의 정글이 펼쳐지고 있다는 점도 큰 문제다. 21세기 세계 곳곳에서 극우 포퓰리즘이 독버섯처럼 자라고 있다. 미국과 유럽, 아시아에서도 극우 집단들이 무서운 기세로 세력을 확장하고 있다. 비유하자면 마치 여기저기 흩어져있던 작은 물웅덩이들이 비가 오면서 서로 연결되어 웅덩이가 커지는 것 같은 양상이다. 극우의 준동은 오늘날 국제질서의 불안함을 그대로 반영한다. 앞에서도 언급했던 세계화 시대의 몰락으로 인한 경제적 어려움과 중산층 몰락, 그리고 민주주의의 피로가 초래한 역풍이다. 그리고 이는 일시적 반동이 아니라 세계질서의 격변을 자양분 삼아 폭발적인 성장세를 보일 수 있다.

미국은 극우가 집권했고, 유럽의 극우는 아직은 주요 국가들에서 집권에 성공하지 못했다. 한국은 극우 정부를 지향하며 돌진하던 윤석열 정부를 끌어내렸고, 부정선거론을 주장하고 혐중 시위를 이끄는 극우 세력을 일단 주변으로 몰아냈다. 그러나 잠정적 결론일 뿐 상황은 시시각각 변하고 있기에 주의를 게을리할 수 없다. 한국 사회의 미래를 위해 혐오와 차별, 그리고 적대감을 부추기는 이들은 그야말로 없어져야 할 사회악이다.

미국의 트럼피즘과 한국의 태극기 부대는 서로 다른 역사적 배경 위에 있지만, 정치적 감정 구조는 놀라

울 만큼 유사하다. 예를 들면 한미 양국의 극우는 모두 국가의 순수성을 믿는다. 이들은 단일한 혈통, 문화, 언어를 공유하는 일종의 상상 속에서 절대화된 국가 이미지를 가지고 있고, 그런 국가가 현실에서도 가능하다고 믿는다. 그리고 진실을 왜곡하는 위선에 가득 찬 엘리트 기득권층에 대한 적개심을 가지고 있으며, 사회문제를 연대를 통해 해결하기보다 누군가를 증오하고, 희생양 삼아 분노를 표출하는 방식으로 해결하려 한다. 혼란한 시대와 불안정한 정치를 토양 삼아 사회를 극단적인 대결 정치의 장으로 몰아가는 것이다.

미국의 극우는 인종차별이라는 중요한 요소를 가지고 있으며, 이는 미국 내에서 '백인의 위상'이 흔들리는 것과 맞물려 있다. 미국 사회는 민주주의의 근간인 다양성과 포용을 가치로 내세웠지만, 이는 다수 백인 중산층의 상대적 박탈감으로 이어졌다. 트럼프는 이러한 불만을 정치적으로 활용했다. 그것이 바로 MAGA, 즉 '미국을 다시 위대하게'라는 정치 구호에 담겼다. 트럼프는 세계화와 이민, 진보 문화가 빼앗아 간 과거의 영광스러웠던 미국을 회복해야 한다고 선동한다. 그는 이러한 선동을 통해 공화당을 지지해온 전통적 보수 진영과 과거 민주당의 지지층이었으나 세계화의 수혜에서 소외된 러스트 벨트의 노동자, 그리고 진보적 문화가 미국 기독교 정신을 오염시켰다며 반발하는 백인 복음주의자를 끌어모았다.

한국의 극우는 미국의 극우와는 조금 다른 역사적 경로를 걸어왔다. 산업화와 냉전의 세례 속에서 반공은 곧 국가의 정체성이었고, 애국주의의 핵심이었다. 일본 제국주의에서 벗어났을 뿐만 아니라, 공산화의 위기에서 영토를 반쪽이라도 건진 이승만의 공헌과 경제개발을 이룬 박정희 체제의 유산은 한국 사회에서 매우 끈질기게 생존해왔다. 그런데 1987년 민주화 이후 정치적 주류가 교체되면서, 극우는 자신들이 대한민국을 세웠으며, 경제적 번영을 만든 주역임에도 '친북좌파' 세력들이 민주화의 공적을 내세워 자신들을 밀어내고 대한민국을 옳지 않은 길로 몰아가려고 한다고 여겼다. 이들은 촛불혁명으로 박근혜가 탄핵당하고 문재인 정부가 등장하자, 이것을 체제 전복이자 대한민국의 정체성이 무너지는 것으로 해석했다. 태극기 부대의 반공은 북한뿐만 아니라 북한에 대해 굽신거리는 진보 세력을 겨냥했다.

이렇게 미국 극우는 인종 혐오를, 한국 극우는 반공 이념을 중심축으로 삼는다. 미국의 백인 우월주의는 노골적인 인종 서사를 포함하지만, 한국의 극우는 북한은 물론이고, 내부의 적인 진보·좌파에 대한 적개심을 내세움으로써 그들이 말하는 '국가 정체성'을 방어하려 한다. 그러나 두려움의 근원은 한국이나 미국이나 비슷하다. 변화하는 사회 속에서 자신들이 주류가 아닐 수 있다는 불안, 그로부터 비롯되는 분노와 피해의식이다. 한국 사회는 미국 사회와는 달리 상대적으로 단일성을 유지하고 있다는 점에서 흑백 갈등이나 유색인종에 대한 혐오가 핵심은 아니지만, 사실 따지고 보면 한국 극우들도 소위 말하는 '굴러온 돌(여성, 탈북자, 조선족, 외국인 노동자)'들이 자신의 입지를 위협한다는 인식을 부각하여 차별한다는 점에서 본질은 다르지 않다.

트럼프의 핵심 지지층은 SNS를 통해 음모론을 퍼뜨리며 소위 '대체 진실alternative facts', 즉 가짜뉴스나 음모론을 반복적으로 생산한다. 한국의 극우 유튜버도 이와 유사한 방식으로 가짜뉴스와 음모론을 동원해서 여론을 조작하고 국민을 대립시킨다. 진실보다 감정이 앞서고, 복잡한 현실 대신 단순한 적대 구도가 대중을 결집한다. 정치도 민생을 위한 정치가 아닌 '정체성 투쟁'이 되어버렸다. 자기 진영에서는 아무리 틀린 주장을 해도 같은 편이기 때문에 무조건 맞는 말이라며 지지하고, 다른 진영에서는 아무리 옳은 주장을 해도 정체성과 진영이 다르기에 비난을 퍼붓는다. 이렇듯 한국이나 미국 모두 정치적 양극화가 심화하여 분노와 대결을 먹고 자라는 극우 세력이 준동하고 있다.

다만 미국은 극우인 트럼프 정부 자체가 권력의 중심이 되어 극우화를 주도하는 모습을 보인다. 한때 공화당을 이끌어온 전통 보수 세력이 트럼프의 극우 포퓰리즘에 우려를 보이면서 일말의 견제를 했던 적도 있지만, 지금은 일방적으로 트럼프에게 끌려가는 형국이다. 1기 때부터 이미 트럼프의 부정선거 음모론과 의회 난입 사태를 정치적 저항으로 미화하는 움직임에 동조하고 있었다. 반면에 한국의 극우는 중심을 장악하지 못했고 아직은 체제 밖에서 소리치는 주변부 세력에 불과하다. 다만 그 언어가 주류 보수 정치에 스며드는 순간, 민주주의의 균열과 한국 사회의 붕괴는 현실이 될 것이다.

미국 예외주의와 기독교 근본주의

한국과 미국의 극우가 공유하는 핵심 이데올로기는 기독교 근본주의다. 한미 극우는 '천국'을 죽은 뒤 가게 될 하나님의 나라로 여기는 동시에, 이를 현실에서 구현한 나라가 미국이라고 생각한다. 미국은 하나님으로부터 구원의 계시를 받은 나라이고, 본래 건국의 아버지들에 의해 기독교 원칙 위에 세워진 나라였으므로, 다시 그 정체성을 회복하는 것은 너무도 정당하다는 것이다. 트럼프가 등장하고 2016년 집권했을 때 미국의 복음주의 진영 내부에서는 그를 '하나님이 세운 지도자'로 호명했다. 그의 당선을 놓고 "악으로부터 미국을 구하기 위한 신적 개입"이라는 해석이 나돌았다. 2020년 대선에서 패배가 확정된 이후에도 "하나님의 계획은 아직 끝나지 않았다"라는 설교가 기독교계에서 퍼졌다. 기독교계는 창세기 1장의 "땅을 정복하라"라는 구절을 문자적으로 해석해 기독교인이 정치, 경제, 교육 등 사회 모든 영역을 지배해야 한다고 말한다. 성경에 나오는 영적 구원의 메시지를 정치적 승리의 메시지로 각색하고, 타락한 진보·좌파에 맞서 문화 전쟁을 치르고 정권을 잡아야 한다고 선동한다. 사회적 쟁점들은 단순한 정책의 차이가 아니라 선과 악이 대결하는 영적 전쟁이 된다. 여기에서 진보는 악이고, 중립조차 설 자리는 없다.

미국의 복음주의 진영은 참된 기독교인과 미국만이

세계를 구원할 수 있다고 본다. 미국을 '하나님이 세운 마지막 성전 국가'로 상정하고, 세속적 정부는 사탄의 도구로 간주한다. 따라서 정치적 충돌조차 신앙의 전투로 번역된다. 이런 구조 속에서 민주주의의 다원성은 악과 타협하는 것이다. 여기에 인종주의가 덧붙여진다. 기독교 민족주의와 백인 민족주의가 결합하는 것이다. 참된 백인의 기독교가 건국 당시의 미국을 회복하기 위해 정의를 회복함으로써 이민자, 이방인, 타 종교인, 진보 정치 세력 등 악의 세력들을 제압해야 한다는 것이다. 진보 이데올로기가 동성애를 옹호하고 마약, 알코올, 성의 해방 등을 공공연히 옹호함으로써 전통적 가족을 파괴하고 하나님 나라의 생명 윤리를 저버렸다고 본다. 이들은 인종차별이나 구조적 불평등 같은 사회적 문제들은 완전히 외면한다. 특히 종말론의 위기감을 활용하는데, 이대로 가다가는 죄악으로 가득한 세상이 멸망할 것이라고 강조한다. 그러면서 사탄 세력과의 최후의 결전이라는 긴장감을 불어넣는다.

미국의 '문화 전쟁'과 '워크주의'에 대한 혐오는 미국 극우의 중심 사상을 내포하고 있다. 문화 전쟁은 선과 악의 마지막 투쟁이다. 워크주의는 한국으로 따지면 '깨시민(깨어 있는 시민)'과 유사하다. 미국의 극우는 남

녀평등이나 유색인종에 대한 인종차별 금지, 성소수자 차별 금지 등은 겉으로는 진보적이고 깨어 있는 것처럼 보이지만, 실제로는 사회를 병들게 한다고 말한다. 성경에서도 유대인과 이방인을 차별했다면서 이런 평등은 오히려 능력 있고, 사회에 꼭 필요한 사람들을 역차별함으로써 사회 전체의 동력을 상실하게 만든다고 비판한다. '위대한 아리안의 우월함'을 유지하는 것이 하나님의 사명이라며 히틀러 나치의 인종주의를 정당화했던 당시 기독교와 매우 유사하다. 결정적으로 평등사상은 곧 무신론의 공산주의 사상이라고 여긴다. 워크주의가 결국 사탄의 문화인 공산주의 사상을 퍼트리며 세상을 망치고 있으므로, 이를 막을 수 있는 유일한 길은 철저한 기독교 신앙을 가지고 트럼프 같은 강력한 지도자(한국에서는 윤석열)를 지지해야 한다는 것이다.

기독교적으로는 이 싸움이 지금에서야 시작된 것은 아니다. 이는 19세기 미국 근본주의 신학에 깊은 영향을 미친 세대주의Dispensationalism에 기반한다. 세대주의자들은 대환란, 천년왕국, 휴거rapture,• 아마겟돈 같은

• 그리스도의 공중 재림 시 주를 믿고 죽은 성도들이 먼저 부활하고, 그때까지 살아 있는 성도들이 공중으로 올라가 주를 만나게 되는 종말적인 사건을 가리킨다.

우리 귀에도 익숙한 교리를 퍼트렸다. 그리고 역사적 맥락을 무시하고 단순화해 정치 운동에 접목했다. 미국 복음주의는 바로 이런 세대주의 특성을 지닌다. 초기의 전통적 세대주의는 세상이 머지않아 심판받아 멸망할 것이므로 신앙을 지키며 휴거를 통한 구원을 기다리는 수동적인 자세, 즉 정치 미참여로 갔지만, 현재의 세대주의는 적극적인 현실 정치 참여를 독려한다. 세상이 악으로 인해 멸망할 것이므로 짐을 싸 떠날 준비하는 전통적 세대주의와 다르게 이들은 그 악을 궤멸시키고 하나님의 나라를 지상에서 건설해야 한다고 말한다. 물론 정통 신학계는 이들의 해석을 놓고 역사적·문법적 맥락을 무시하는 반지성적 해석이라고 비판한다. 하지만 세대주의자들은 신학적 논쟁에 뛰어들기보다는 극우 정치 세력과의 연대를 통해 현실에서의 영향력을 확대하려 한다.

이러한 흐름은 한국에서도 나타난다. 종말론으로 공포를 조장하고, 동성애와 좌파를 하나님 나라의 적이라고 규정하는 미국 복음주의의 담론이 한국 사회에도 퍼졌다. 한국 극우는 대체로 미국 극우 복음주의의 언어를 차용하고, 트럼프식 음모론을 한국적 기독교 민족주의와 결합시킨다. 이들의 근본주의적이고 극단적인 세계관은 정치적 상대를 협치의 대상이 아니라 적그리스도처럼 척결의 대상으로 삼았고, 한국 정치에서 벌어지는 좌우 갈등을 영적 전쟁으로 전환했다. 그런 맥락에서 2021년 초 트럼프 지지자들이 의회에 난입하고, 2024년 말 윤석열이 계엄을 통해 국회를 점거한 반민주·반헌법적 행동들도 이 땅의 하나님 나라의 건설을 방해하는 적그리스도에 대항하는 하나님 뜻이라고 합리화한다.

"우리가 찰리 커크다(?)"

1993년생인 찰리 커크가 2025년 9월 10일 총격을 당해 사망하는 일이 벌어졌다. 찰리 커크는 미국에서 트럼피즘을 기반으로 한 청년 극우 단체인 터닝포인트 USA 설립자이자 트럼프 대통령의 열렬한 지지자다. 그는 코로나19 백신 거부, 부정선거 음모론, 반이민, 반성소수자, 반중, 친이스라엘 등의 발언으로 미국 사회에서 떠오르는 극우 아이콘이 되었다. 트럼프 대통령의 장남인 도널드 트럼프 주니어Donald Trump Jr.의 개인 보좌관으로도 활동해 트럼프 일가와 매우 깊은 관계가 있는 인물이었다. 트럼프 취임식에서 정치 운동가 중 유일하게 초청되어 축하 연설까지 했다. 트럼프는 그의 사망에 슬픔과 분노를 표하며, 미국 전역에 조기를 게양할 것을 지시하기도 했다.

찰리 커크는 TPUSA 활동을 통해 청년들을 동원하면서 미국 내 급진좌파를 맹비난했다. 공개 행사에서 총격으로 사망한 이후에는 이전보다 더 큰 극우의 아이콘이 되었다. 그의 이름과 이미지, 그리고 생전 발언들이 미국의 극우 운동은 물론이고, 한국의 극우 집회 현장에도 단골로 등장했다. 찰리 커크는 생전에 한국과도 관련이 꽤 있었다. 2025년 8월 워싱턴에서 열린 한미정상회담에서 트럼프가 '특검의 교회 압수수색'과 관련한 질문을 한 배경에 커크가 있었을 것이라는 주장이 제기된 바 있었다. 사망하기 4일 전 한국의 킨텍스에서 진행된 '빌드업코리아 2025'에 주요 연사로 방한해 "대한민국의 미래는 트럼프 승리에서 메시지를 얻어야 한다"라고 강조하며, 반중·반북 발언을 쏟아냈다. 그를 초대한 인물은 보수 개신교 청년 리더 양성을 표방하는 빌드업코리아 대표 김민아였다. 이 행사는 사실상 찰리 커크와 TPUSA를 모델로 삼아 기획된 것이다.

찰리 커크의 죽음과 그것을 둘러싼 미국 내 반향을 목격한 후 한국 극우 단체들은 이를 새로운 상징으로 활용하기 시작했다. 윤석열의 비상계엄 이후 탄핵 반대 집회를 주도한 '자유대학'은 명동과 숭례문 일대에 추모 공간을 마련하고 침묵 행진을 벌였다. 길거리 현수막에는 '영면하라, 찰리 커크R.I.P. Charlie Kirk', '우리가 찰리 커크다We Are Charlie Kirk', '멸공', '자유민주주의 만세' 같은 문구가 붙었다. 일부 참가자들은 영정 사진 앞에 큰절을 올리며 숭배에 가까운 태도를 보였다. 이후 관련 단체들은 찰리 커크를 전면에 내세우고 반중 및 반북 집회를 이어갔다. 잠실역과 여의도에서 "보이콧 차이나"를 외치고, 명동에서 성조기를 흔들며 반중 시위를 이어갔다. 한국 극우 진영은 찰리 커크를 'MAGA의 아이콘'으로 소비했다.

찰리 커크가 생전에 보여준 미국 청년 극우 운동의 전개와 조직 방식은 국내 청년 극우 운동에도 이미 꽤 깊숙이 스며들어 있다. 2020년 이후 국내 극우 집회에서 반복적으로 등장한 강경 '반좌파' 프레임, 대학 캠퍼스 내에 조직된 우파 청년 단체, 온라인 플랫폼을 활용한 선동적 메시지 전파 등은 TPUSA가 사용하던 방식과 거의 판박이다. 실제로 2017년에 서울대에서 조직된 한국의 '트루스포럼', 극우 성향 역사 교육 단체인 '리박스쿨', 2025년 탄핵을 반대하는 대학생 조직인 '자유대학', 그리고 앞에서 말한 TPUSA를 모델로 삼은 '빌드업코리아' 등 청년 조직들이 반좌파, 애국시민, 부정선거, 그리고 윤 어게인을 부르짖는다. 이들은 찰리 커크의 강연 방식을 참고하거나 미국 보수 컨퍼런스를 모델로 삼아 프로그램을 설계해왔다. 즉 이들이 미국 극우 운동의 언어와 상징을 국내의 세력 동원 도구로 활용함과 동시에, 찰리 커크가 미국에서 수행했던 역할을 한국의 종교, 청년 영역에서 재현하고 있는 셈이다.

한미 극우 네트워크

2025년 8월 25일 이재명 대통령이 집권 후 처음으로 트럼프 대통령과 한미정상회담을 하기 위해 워싱턴을 방문했다. 그런데 트럼프는 이재명 대통령과의 회담을 몇 시간 앞두고 SNS에 충격적인 내용의 게시물을 올렸다. "한국에서 '숙청 또는 혁명purge or revolution'이 일어나는 것처럼 보인다… 우리는 그걸 받아들일 수 없고 그곳에서 사업할 수 없다"라는 글을 올린 것이다. 이후 이재명 대통령을 만난 자리에서 트럼프는 "오해라고 확신한다"며 "이재명은 위대한 지도자"라고 함으로써 사태는 일단락되었다. 하지만 트럼프 대통령은 정상회담 직전 행정명령에 서명하는 자리에서도 "지난 며칠간 한국 정부가 교회를 압수수색하고 우리 미군 기지에서 정보를 수집했다고 들었다"라며 다시 한국의 내정 관련 문제를 제기했다. 이에 앞서 한 기자가 트럼프에게 해당 글을 쓴 의도를 묻자, 트럼프 대통령은 이 대통령을 향해 "나는 교회들을 압수수색했다는 말을 정보당국으로부터 들었다"라고 밝힌 뒤, "내게는 한국답지 않은 일로 들렸다"고 말했다.

아무리 트럼프라고 하더라도 정상회담 전후로 해당 내용의 글을 쓰고 발언을 한다는 것은 심각한 사안이다. 트럼프가 언급한 내용들이 한미 극우 세력의 주장과 유사하기 때문이다. 한국과 미국의 극우 네트워크가 생각보다 더 긴밀하게 연결되어 있다는 합리적인 의심을 할 수밖에 없다. 정상회담 전에 트럼프가 미국 정보부처의 브리핑을 먼저 받을 것이 분명할 텐데, 정식 정보 채널보다 일종의 '뒷문'으로 대통령에게 잘못된 정보를 주입하는 경로가 있다는 것이고, 그 뒷문의 핵심은 극우 세력일 가능성이 크다. 더욱이 트럼프의 SNS 글과 발언은 한국 내 극우 세력으로 하여금, 자신들의 희망대로 부정선거와 '친중 앞잡이' 이재명을 드디어 심판하게 되었다고 환호하도록 만들었다. 트럼프의 언

[그림 4] 한미 극우의 연결고리

사가 해프닝으로 끝난 이후에도 그들은 포기하지 않고 정상회담 성과를 폄훼하고, 트럼프가 이재명을 제거할(?) 다음 기회를 기다린다고 했다.

[그림 4]에서 볼 수 있듯이 한미 극우는 여러 조직과 경로로 연결되어 있으며, 연결고리 역할을 하는 매우 다양한 사람들이 존재한다. 미국 국무부 국제형사사법대사 출신인 모스 탄Morse H. Tan(한국계 미국인, 한국명 단현명)은 가장 적극적으로 활동하는 인물이다. 한국에 방문해 윤석열과 면회를 시도하고, 그를 석방하기 위한 노력도 했다. 모스 탄의 이런 활동에 한국의 대형 교회와 극우 유튜버 전한길 등이 함께 움직였다. 모스 탄의 수행을 담당한 은평제일교회는 전광훈의 사랑제일교회와 함께 코로나19 당시 방역 수칙을 무시하며 대면 예배를 한 곳이기도 하다. 복음주의 대형 교회 등이 연결된 한미 극우 네트워크는 일회성 이벤트를 넘어 지속적이고 조직적으로 움직인다. 윤석열의 12·3 내란과 이듬해 1월에 일어난 서부지법 폭동 등을 기획하고 지지한 이들은 반복적으로 부정 선거론을 옹호하며 트럼프 대통령이 이재명 정권을 끌어내리고 윤석열을 석방시킬 것이라는 가상의 시나리오를 만들어 여론몰이를 해왔다.

이들은 반복적으로 '트럼프가 윤석열을 구출할 것'이란 근거 없는 시나리오를 만들며 국내 정치에 개입해 왔다. 로라 루머, 고든 창Gordon Chang, 카를라 샌즈Carla Sands, 애니 챈Annie M.H. Chan 등 미국 내 극우 인사들은 한국 내 극우 세력들의 주장에 힘을 실어주면서, 트럼프 대통령과 MAGA 진영의 연결고리 역할을 하는 것으로 보인다. 이들은 한미정상회담이 열리기 전부터 이 대통령에 대한 부정적인 인식을 형성하고자 언론 등을 통해 노골적으로 공격했다. '극우 선동가'로서 백악관 인사에게까지 영향을 미치는 것으로 알려진 로라 루머의 경우, 이재명 대통령이 당선된 직후 X(옛 트위터)에 "공산주의자들이 한국을 접수해 오늘 대선에서 승리했다. 이는 끔찍한 일"이라는 근거 없는 글을 올린 바 있다.

더 큰 문제는 한미 극우 연대가 단순한 '메시지 전파'를 넘어 자본-정치-종교 연계 네트워크로 확장되고 있다는 점이다. 그 핵심에 밴스 미국 부통령과, 보수 칼럼니스트인 크리스토퍼 버스커크Christopher Buskirk가 설립한 권력 네트워크 록브리지Rockbridge가 있다. 록브리지는 '트럼피즘 20년 지속'을 목표로 구축된 7,500만 달러 규모의 정치 네트워크로, 트럼프 주니어·수지 와 일스Susie Wiles·스콧 베선트·마코 루비오Marco Rubio·털시 개버드·일론 머스크 등 트럼프 행정부 인사 상당수가 이 조직과 연관돼 있다. 밴스 부통령의 정치적 멘토이자 실리콘밸리 자본의 상징인 피터 틸Peter Thiel이 거액의 후원자라는 점까지 고려하면, 록브리지는 단순 교류 모임이 아니라 실제 정책·인사에 관여하는 통로로 추정된다. 2025년 9월 출범한 '록브리지 네트워크 코리아'는 이런 흐름의 정점이다. 이사회에 김해영 전 의원, 김부겸 전 총리, 박재완 전 장관 등이 포함돼 '초당적 민간 네트워크'를 표방하지만, 실제 목표는 록브리지 본부와 트럼프·밴스 체제로의 직행 라인 구축에 맞춰져 있는 것으로 보인다.

여기에 정용진 신세계그룹 회장이 록브리지 아시아 총괄로 거론되면서 재계(자본) 라인이 결합했다. 과거 정용진의 '멸공' 발언, 트럼프 주니어와의 친분, 빌드업 코리아 행사 스타벅스 협찬·축사 논란 등 그간의 흐름을 살펴봤을 때, 이제는 한국 극우가 단순히 미국 극우의 이데올로기를 수입하는 단계를 넘어, 트럼프·밴스 체제의 정치·자본 네트워크와 직접 연결되는 제도적 통로를 형성하는 단계에 이르렀음을 짐작해볼 수 있다. 다시 말해, 산발적이던 한미 극우 연대가 이제는 자본-

정치-종교가 결합한 하나의 네트워크로 재편되는 모양새다. 한국계 미국인이자 부동산 자산가인 애니 챈, 그리고 그가 2019년 설립한 한미 극우 네트워크의 자금 허브인 한국보수주의연합KOREA Conservative Political Action Coalition, KCPAC 역시 연결고리 중 하나다. 애니 챈은 부정선거론을 설파하며 전광훈 등 국내 극우 세력에 수백억 원대 자금을 지원했다는 의혹을 받는다. 2023년 8월엔 대통령 직속 자문 기구인 민주평통 해외 운영위원에 이어 초대 글로벌전략위원장까지 맡아 제도권에 진입한 인물이다.

미국의 아시아 안보 전문가이자 부정선거론자인 그랜트 뉴샴Grant Newsham(KCPAC 미국지부 회장)과 프레드 플라이츠Fred Fleitz 전 백악관 국가안보회의 비서실장 등 미국 극우 인사들과, 민경욱, 박주현, 최원목 등 국내 부정선거론자들이 대거 참여함으로써 KCPAC은 한미 극우 메시지를 교차 확산하는 또 하나의 창구가 됐다. 윤석열 역시 대선 후보 시절이던 2021년 12월, KCPAC 주관 도서 출판기념회에서 축사를 했다. MAGA 스피커(배넌·루머·커크), 록브리지(밴스·트럼프 주니어·베선트·루비오), 보수 개신교(손현보·전광훈), 우파 청년조직(TPUSA·트루스포럼·자유대학·빌드업코리아), 극우 정치인(민경욱), 재계(정용진), KCPAC(애니 챈) 등 모든 연결고리가 얽히고설켜 하나의 견고한 극우 연합 생태계가 구축되고 있다.

중국계 미국인인 고든 창은 〈한국의 반미 대통령이 워싱턴에 온다〉라는 2025년 8월 15일 자 워싱턴 정치 전문 매체 〈더 힐The Hill〉 기고에서 이 대통령에 대해 △한미 관계의 근간인 군사동맹 훼손 △중국, 북한과의 관계 적극 구축 △특검의 오산 공군기지 급습 △특검의 종교 시설과 야당 당사 급습 및 탄압 등을 '사실인 양' 주장했다. 같은 날 국민의힘 당대표에 당선된 장동혁 의원도 전당대회 결선투표 뒤 "모든 우파와 연대해 이재명 정부를 끌어내리는 데 모든 것을 바칠 것"이라며 입을 맞췄다. 한국과 미국의 극우 세력들이 각각의 사회에서 해악을 끼치는 것을 넘어 양국 관계와 국익에 악영향을 미치고 있다는 우려가 당연히 제기될 수밖에 없다. 체제 전복을 준비하는 국내외 극우 세력들의 음모론 실체를 확인한 만큼 이들의 연결망 단절을 위한 실효성 있는 조치가 필요하다.

극우와 혐중 시위

'혐중'은 한미 극우가 공유하는 현상인 동시에 한국 사회에서 진보와 극우가 충돌하는 지점이다. 혐중은 거리의 구호부터 온라인까지 점령했다. 2025년 9월 코로나19 팬데믹으로 중단되었던 중국인의 무비자 입국이 허용된 사안을 두고 여야 정치권이 논쟁에 휩쓸렸다. 중국에 대한 근거 없는 괴담들이 마구 쏟아졌다. 그중 대표적인 몇 개를 살펴보면 무비자로 대량으로 입국한 범죄자가 어른, 아이를 가리지 않고 납치해 장기 매매를 하고 전염병을 확산한다는 것이다. 이런 괴담들은 애초부터 말이 안 되는 이야기들이지만 정치권은 이를 이용하는 데 혈안이 되어 있다.

《짱개주의의 탄생》의 저자인 중국 전문가 김희교는 '반중 정서'와 '혐중'은 구별해야 한다고 강조한다. 반중 정서는 국가와 국가 사이에 존재하는 것이지만, 혐중 시위는 악의적으로 이데올로기화되고, 나아가 조직화되기 때문에 위험하다는 것이다. 중국이 무슨 일을 하든지 상관없이 무조건 혐오하기에 혐중에 그 어떤 합리성이나 상식은 없다. 특정한 조직이 특정한 목표를 가지고 혐중 시위를 조직하고, 자금을 지원한다. 이는 국가 간 관계까지 망칠 수 있는 중요한 문제다. 현재 국내 혐중 시위는 매우 위험한 수준까지 도달해 있다.

혐오를 통한 비이성적인 정치적 악용임에도 사람들을 선동하는 데 나름 효과를 보이는 이유가 있다. 먼저 외부적으로 미중 패권 경쟁이라는 틀이 있다. 우리는 미국의 동맹이므로 미국과 싸우는 중국은 우리의 적이 되는 것이다. 우리가 우습게 보던 중국이 급속하게 발전하여 한국과 여러 분야에서 경제적으로 경쟁하기 시작한 것도 원인이다. 그리고 중국의 권위주의와 기술 베끼기, 역사 왜곡 등도 반중 정서를 합리화하는 역할을 했다. 무엇보다 반중 감정이 심화한 계기는 팬데믹 때문일 것이다. 코로나19가 '우한 바이러스'로 불렸던 것처럼 중국 때문에 전 세계가 엄청난 고생과 비용을 치렀다는 생각이 퍼졌다. 미국 SNS 플랫폼 '레딧Reddit'에서 'ccp virus' 라고 검색하면 뉴욕, 시카고, 워싱턴에서 발견된 조형물이 나온다. 시진핑의 얼굴과 바이러스를 결합한 형태로 중국 혐오를 위한 것임은 두말할 나위 없다.

혐중 확산의 결정적인 계기는 보수 진영의 극우화와 일치한다. 극우 진영의 핵심 생존 방식이 외부의 적을 만들어 그들을 악마화하고 적대시하는 것이다. 혐

시진핑의 얼굴과 바이러스 이미지가 결합된 조형물.

중은 한국과 미국의 극우에게서 동일하게 나타나는 현상이다. 최근 들어 미국과 한국의 여론조사에서 중국에 대한 부정적 인식이 높게 나타나고 있다. 팬데믹 당시 최고치를 찍은 후 다시 줄어드는 경향이었지만, 특정 정치 세력의 의도적 부각으로 다시 상승하고 있다. 명동에서 관광객들을 겁박하는 시위가 일어나고, 중국 동포들이 밀집해 사는 대림동에서는 중국인 퇴출 집회가 일어나고 있다. 다시 말하지만 이것은 중국의 정책에 대한 반대가 아닌 인종 혐오다. 극우 진영은 혐중도 표현의 자유라고 말하지만, 이는 어불성설이다.

표현의 자유를 존중하는 선진국일수록 혐오나 인종차별에 대해서는 엄격하게 금하고 있다. 대다수 서구의 선진국들은 인종차별을 일반 사안보다 훨씬 더 무겁게 가중처벌한다. 이미 유럽은 유대인 혐오 문제로 막대한 비용을 치른 바 있고, 지금도 인종차별은 근절되지 않아 그로 인한 큰 사회적 비용을 치르고 있다. 그래서 이런 문제가 확산하기 전에 강력하게 단속하려 한다. 이웃 나라 일본도 마찬가지다. 한동안 일본에서 재일 한국·조선인을 겨냥한 혐한이 거세졌었다. 혐한이 큰 사회문제로 불거지자, 2016년 7월 오사카시는 일본 지방자치단체로서는 처음으로 혐한 시위를 억제하는 조례를 시행했다. 이후 일본 내 헤이트 스피치를 비롯한 혐한 시위가 눈에 띄게 줄어들었다.

그러나 한국 사회에서 극우 정치집단은 국민의힘과 함께 중국을 적대의 상징으로 삼아 무차별 공세를 벌인다. 캄보디아에서 일어난 피싱 사기 사건과 한국인 사망 사건, 대전 국가정보자원관리원 화재 등 모든 범죄가 중국인 때문이며 이로 인해 제2의 범죄와의 전쟁을 벌여야 할 상황이라고 말한다. 또한 국민의힘은 '중국인 3대 쇼핑 방지법'을 당론으로 추진하려 하며 혐중을 정치적으로 활용하는 데 여념이 없다. 중국인이 한국에 와서 의료보험 혜택을 받고, 지방선거에서 투표를 하며, 부동산을 투기 목적으로 매입해 한국을 무너뜨리려 하고 있다는 것이다. 이는 당연히 사실 왜곡이다.

반중 정서는 세계 질서의 격변과 국내 정치에 당면한 무수한 난제들로 인한 불안과 불만에서 출발한다. 그런데 정치는 이 문제들을 해결하기보다, 선동을 통해 문제의 원인을 누군가에게 뒤집어씌우며 희생양으로 삼고 있다. '모든 게 중국 탓이다'라는 프레임은 과거 '유대인 탓이다'와 지금 서구 사회 곳곳에 퍼져 있는 '무슬림 탓이다'와 본질적으로 같다. 극우 세력은 타자 혐오를 애국심으로 포장하지만, 그것은 결코 애국이 될 수 없다. 자기 내부의 성찰을 배제하고, 모든 문제를 남 탓하는 순간 문제 해결은커녕 문제를 더 키우고, 이로 인한 사회적 비용은 엄청나게 커질 뿐이다.

더 근본적인 문제는 극우의 방식이 한국을 다시 냉전 대결의 전초기지로 만들 것이라는 점이다. 과거 냉전 시절처럼 '자유주의 대 전체주의'라는 프레임 속에서 한국의 외교와 안보가 재편된다면, 한반도는 또다시 타자의 전략 위에 놓이게 된다. 중국 전문가 원동욱이 《유 코리아 뉴스》에 쓴 칼럼 〈중국이 아니라, 우리의 불안이 문제다〉의 지적을 경청할 필요가 있다. “혐오는 언제나 세상을 단순하게 만든다. 그러나 그러한 단순함은 늘 폭력의 전조였다. 지금 우리에게 필요한 것은 미워하지 않을 용기다. 다른 세계와 대화할 용기, 스스로 부끄러워할 용기, 그리고 느리지만 단단한 연대의 용기다. ‘혐중’의 시대를 넘어야 하는 이유는 외교의 유불리를 넘는다. 그것은 인간의 품격과 민주주의의 지속 가능성에 관한 문제이기 때문이다. 이것이 바로 빛의 혁명으로 다시 열린 광장이 우리에게 던진 또 하나의 과제다.”

트럼피즘의 충격이 유독 한국에 큰 영향을 미친 이유는 무엇일까? 간단하게 말하면 우리가 미국에 깊이 의존하고 있기 때문이다. 서로 사이가 돈독할 때는 문제가 되지 않지만 미국이 이를 역이용해 우리를 압박하게 되면 우리는 취약한 상황에 놓일 수밖에 없다. 우리는 이를 반면교사 삼아 중국에 대비해야 한다. 한국 경제는 미국과는 비교가 안 될 정도로 중국에 의존하고 있다. 한국은 주력 수출품(원료든 중간 가공이든) 중 50퍼센트 이상(1,000개 품목이 넘는다)을 의존하고 있다.

또한 75퍼센트 이상 의존하는 생산품은 500개 품목이 넘는다. 미국도 꼼짝하지 못했던 희토류는 한국이 중국에 90퍼센트 이상 절대적으로 의존하고 있다. 수급 대란을 겪었던 요소수도 비슷한 상황이다. 이런 상황에서 중국이 한국에 등을 돌리거나, 트럼프의 미국처럼 한국을 압박하면 우리는 큰 위기에 놓이게 될 것이다.

혐오 정치에 대처하는 자세

도대체 우리는 어떻게 혐오 정치를 끊어낼 것인가? 선진국들의 경험처럼 혐오가 확산하기 전에 빠르게 대응하는 것이 중요하다. 가짜뉴스와 막말의 근원을 차단하고, 인종주의적 혐오에 매우 강경하게 조치해야 한다. 법적·사회적 처벌안을 마련하고, 외교적 수습책도 마련해야 한다. 이재명 대통령이 말한 것처럼 혐오 시위는 시위가 아니라 '깽판'이다. 혐오는 혐오로 치유될 수 없기에, 치유와 회복을 추구해야 한다.

광운대 동북아문화산업부 김희교 교수의 제안은 매우 설득력 있다. 미국에서는 강력 범죄자의 국적을 절대로 표기하지 않는데, 그 이유는 범죄의 원인이 국적이나 인종이 아니라 개인에게 있다는 것이다. 마찬가지다. 중국인이기 때문에 범죄를 저지르는 것이 아니라 국적에 관련 없이 범죄자들이 존재하는 것이다. 따라서 우리 언론도 앞으로 범죄 관련 뉴스를 보도할 때 범죄자의 국적을 표기해서는 안 된다. 범죄를 개인의 차원에서 바라보지 않으면, 국민과 국가가 치러야 할 비용이 걷잡을 수 없이 커질 것이다.

중국인과의 관광과 교류 등 빈번한 접촉에서 발생 빈도가 높아지는 사고와 범죄 문제들을 정부와 사회가 함께 접근하고 해결해야 한다. 격조 있는 K-컬처의 나라답게 이제는 중국인을 포함해 외국인에 대한 혐오를 줄이고 포용적인 세계 시민의 정신을 함양할 때다. 극우의 등장은 단순히 '비이성적 광기'의 문제가 아니다. 그것은 불평등이 만연한 사회에서 변화의 이익을 얻지 못한 사람들의 절규이자, 정치가 그 불만을 흡수하지 못한 결과다. 분노의 사회적 뿌리를 직시하고, 민주주의가 누구의 것도 아닌 '모두의 것'이라는 인식을 회복할 때 극우에 대처할 수 있다.

우파 논객으로 유명한 조갑제TV 대표 조갑제는 한국 극우를 신랄하게 비판한다. 그는 한국 극우 세력이 2025년 10월 경주에서 열린 APEC 참석과 한미정상회담차 방문한 트럼프가 항공모함을 보내 윤석열을 옥중에서 구출할 것이라든지, 중국이 부정선거 원흉이라든지, 계엄령이 계몽령이라든지 등 허무맹랑한 음모론을 퍼뜨린 것을 비난했다. 또 트럼프에게 윤석열의 면회를 요청하고, 미국 연방수사국에 한국의 부정선거 의혹 조사 등을 요청한 역사 강사 출신 극우 유튜버 전한길도 맹비난했다. 조갑제는 "한국의 극우는 어둡고 더러운 곳에서만 살 수 있는 역사의 바퀴벌레"라고까지 말했다. 나아가 한국의 극우 세력을 '극우'라고 부를 수 있느냐는 지적에 관해 "세계에서 가장 공정한 선거 관리를 세계에서 가장 악질적 부정선거라고 주장하고, 선거에 불복하는 데 그치지 않고 '스탑 더 스틸Stop the Steal'을 외치며 대한민국을 부정선거의 나라로 몰아 세계에 고발하는 세력, 특히 젊은 영혼을 파괴하는 세력엔 극우라는 말도 아깝다"며 날 선 비판을 가했다.

한국과 미국의 극우 네트워크의 연결고리를 단절해야 한다. 극우 뉴라이트 등을 연구해온 인문연구가 이병권은 한국과 미국의 교회 세력은 철저한 자본의 논리를 따르고 있으며, 극우 활동을 비즈니스로 인식하고 돈이 된다고 생각한다고 지적하며, 이들의 자금을 추적해 길목을 막는 게 큰 과제라고 주장한다. 그는 자금 차단 외에도 극우 네트워크를 와해시키기 위한 제도적 뒷받침을 주문한다. 독일에서는 나치 문양(하켄크로이츠)이나 '히틀러 만세Heil Hitler'와 같은 구호, 상징 등이 법적으로 금지돼 있으며, 이는 표현의 자유의 대상이 아니라고 명확히 규정하고 있다. 한국에서도 헌법적 질서를 훼손하는 혐오와 인종차별 행동에 대해 엄격하게 처벌하는 법이 필요하다. 실제로 국회에서는 법제화가 추진되고 있다. 이와 함께 젊은 세대의 극우화 방지를 위한 교육의 강화도 필요하다.

한국 사회에서 준동하는 극우 세력과 미국 극우와의 연결을 적극적으로 차단하는 일도 중요하지만, 우리 정치가 극우의 자양분인 우리 사회의 문제들을 제대로 개선하고 해결하는 대안 마련에 나서는 것도 중요하다. 불만과 불안으로 인해 소외감을 느끼는 사회적 약자와 청년 세대들의 아픔에 공감하고 함께 문제들을 개선해나가야 한다. 진보가 대안이 되지 못했을 때 한국에서 윤석열이 권력을 잡았고, 미국에서는 트럼프가 두 번이나 권좌에 올랐다. 미국이나 유럽과 비교했을 때 한국에서는 아직 극우가 권력의 중심을 차지하지 못하고 주변화하는 것은 다행인 일이지만, 그렇다고 안심할 수만은 없는 상황이다.

8장

동맹을 대하는 한국 외교의 3색 필살기

위기의 세계

이 책의 서두에서부터 세계 질서의 격변에 대해 반복적으로 강조했다. 조금의 과장도 없이 오늘날 세계 질서는 위기에 봉착했고, 해결책은 가시권에 있지 않다. 지난 한 세기 동안 꾸준히 진전되어온 국제 협력 질서는 정당성과 효용성이 사라지고, 국가 이기주의와 각자도생의 정글로 바뀌고 있다. 전쟁을 일으키기는 너무 쉬워졌고, 평화를 지키기는 너무 어려워졌다. 대격변 속에서 모든 나라가 어려운 상태이지만 대한민국은 더 취약한 상태에 놓여 있다. 이재명 정부가 당면한 대외 환경은 한국전쟁 이후 최대의 국난 상황일 수 있다. 식민

피지배, 전쟁, 분단까지 겪은 나라가 군사력 세계 5위권, 경제력 세계 10위권의 선진 강국으로 발전한 데에는 지난 30여 년 간의 탈냉전·탈지정학·탈이념의 세계 질서 덕분이었다. '개방형 통상 국가'는 대한민국 국격·국력·국위를 높이는 최고의 방법이었지만, 이제 그러한 우호적 대외 환경은 사라졌다.

특히 트럼피즘은 불문가지 우리가 직면한 최대의 도전이다. 지금까지 듣지도, 보지도, 배우지도 못했던 생경한 모습의 미국이 세계를 뒤흔들고 있다. 트럼프의 세계관은 미국의 기존 주류 엘리트와는 질적으로 다르다. 오늘날 미국의 약화를 초래한 이유가 적대적인 국가(중국, 러시아, 북한, 이란…)들보다 동맹국 및 우방국 탓이 크고, 이에 부화뇌동한 미국 민주당 등 기성 질서의 위선과 사익 때문이라고 규정한다. 트럼프 세계관의 옳고 그름이나, 다른 나라의 동의 여부는 중요하지 않다. 트럼프는 이를 바로잡기 위해 그간 우방국들에 불공정하게 미국이 희생했던 시장을 불허하고, 공짜로(?) 제공했던 안보도 이제부터는 제공할 수 없다고 한다. 이러한 과거의 부당한 관계에 대한 벌금을 정산하는 것은 물론이고, 향후 입장료를 제대로 받겠다고 한다. 관세와 미군 주둔 분담금 상향이 미국이 제공하는 시장과 안보에 대한 입장료라면, 강제적 투자 압박은 과거의 불공정에 대한 벌금이라고 볼 수 있다.

트럼프는 동맹국과 우방국을 미국의 피를 빠는 '거머리'라고 부르며, 이제부터는 미국이 갈취할 순서라고 노골적으로 말한다. 한미동맹은 대한민국 외교에 가장 심각한 리스크가 되었다. 한미동맹의 근본 가치와 효용성이 점차 심하게 흔들리고 있다. 우리는 미국에 대한 전적인 의존을 다시 생각해야 할 시점인지도 모른다. 보수든 진보든 관성처럼 내세우던 소위 '한미동맹 강화'라는 앵무새 공식을 벗어던져야 한다. 노골적으로 미국을 적대시할 필요는 없으나 조용히, 그러나 치열하게 대안을 준비해야 한다.

제1의 필살기: 느리게, 버팀의 미학

나는 전작《미국의 배신과 흔들리는 세계》에서 트럼피즘에 대항하는 최선의 방책으로 "느리게, 함께, 당당하게"라는 구호를 소개했는데, 이 책에서 조금 더 상세하고 구체적으로 설명하려 한다. 먼저 '느리게' 대응해야 한다는 점을 강조하고 싶다. 세계 질서도 급속하게 변하고 있을 뿐 아니라, 지금까지 목격한 것처럼 트럼프의 정책과 압박 수위도 고정되지 않고 상황에 따라 수시로 변한다. 공격자의 의도와 목적이 확실하지 않을 때는 할 수만 있다면 다른 국가의 대응을 살펴본 후 참고하는 것이 바람직하다. 케임브리지대 경제학과 장하준 교수는 트럼프를 허리케인이나 쓰나미 같은 자연재해에 비유하면서, 일단은 미국이 가장 거세게 몰아칠 때 피신할 곳을 찾아 잠잠해질 때까지 버티고 살아남아야 한다고 했다. 트럼피즘은 미국 내부 반발로 무너질 수 있다. 관세 인상은 결국 미국의 수입 물가를 올려 트럼프의 주 지지층인 서민들의 생활을 어렵게 할 것이고, 이는 시간이 갈수록 트럼프의 정치적 입지를 좁아지게 할 것이다.

트럼프의 협상 전략을 간파하면 왜 느림과 버팀이 최선의 방책인지 잘 알 수 있다. 트럼프의 전략은 유엔이나 WTO가 대변하는 다자주의를 폐기하고, 일대일 양자 협상에서의 일방주의로 상대를 굴복시키는 것으로 요약할 수 있다. 다자주의는 오랜 숙의와 합의의 과정이 필요하고, 그 과정은 때로 너무 오랜 시간이 걸린다. 따라서 한 국가의 요구가 쉽고 빠르게 관철되기 어렵다. 이 때문에 트럼프는 비유하자면 각개격파 방식을 통해 한 나라씩 압박한다. 이것이 트럼프가 G7이나

APEC의 본 정상회담에는 참석하지 않고, 회담 개시 전후에 양자 회담을 진행하는 이유다. 트럼프의 압박은 빠르게 반응할수록 우리에게 더 불리하게 작동하는 구조다. 다시 말해서 미국과의 압도적인 힘의 차이가 최대치가 된다는 의미다. 이런 구조에서 한국이 선택해야 하는 협상 전술은 단기적인 굴복이 아닌 느리지만 단단하게 버티는 전략이어야 한다.

트럼프는 매우 즉흥적인 인물이다. 순간의 분노로 정책을 바꾸고, 단기적인 정치 성과에 집착한다. 이런 인물에게 즉각적으로 반응하면 오히려 그 페이스에 말려든다. 반면 한국이 서두르지 않고 '시간의 힘'을 활용한다면 트럼프의 일방적 압박은 점차 강도가 약해질 수 있다. 실제로 트럼프의 첫 임기 때 한국은 방위비 협상에서 시간을 끌었고, 결국 트럼프가 낙선하면서 과도한 요구는 무력화됐다. 느리게 버티기는 단순한 지연 전술이 아니라, 외교의 기본 원칙에 기초한 대응 방식이다. 먼저 부분적으로 양보하며 피해를 최소화한다. 선물 공세나 상징적 제스처, 상대방에 대한 찬사 등을 통해 상대의 기분을 누그러뜨리고, 일부 양보를 훨씬 더 크게 보이게 만들어 핵심 이익을 지키는 것이다. 또한 상대방이 가장 거센 공격을 가할 때 고비를 넘길 시간을 벌

수 있다. 그러면서 다음 공세를 받아낼 내적 체력을 강화할 수 있다. 따라서 느리게 버티기는 겉으로는 비겁하고 미온적으로 보이지만, 실은 가장 현실적인 생존 전략이다. 트럼프식 압박은 단기적 위협이므로, 한국의 국익은 장기적 인내에 있다. 즉각적인 맞대응이나 굴복이 아니라, 시간을 아군으로 만드는 외교 전략이 필요하다. 트럼프는 협상을 게임으로 여기지만, 우리는 생존을 걸고 임해야 한다. 버티는 것은 굴복이 아니다. 그것은 저항이자 외교의 묘수다.

트럼프가 통상 및 투자 압박을 시작한 이후, 각 나라의 대응 방식이 엇갈리면서 그에 따른 유형별 특징이 나타났다. 먼저 일본이나 EU는 사실상 미국의 요구에 굴복했고, 인도, 브라질, 캐나다는 미국에 반발했다. 일본은 트럼프의 압박에 전부를 내주었다. 일본산 제품에 대한 고율 관세 협박에 방위비를 인상하고, 미국산 제품을 대량으로 구매하기로 했으며, 무엇보다 5,500억 달러 규모의 대미 투자에서 미국 측에 유리한 조건을 사실상 그대로 수용했다. EU의 대응도 일본과 크게 다르지 않았다. 처음에 EU는 WTO 제소 등으로 트럼프에 맞서려는 듯했으나 대미 의존도와 내부 분열로 맞대응하지 못했다. 반면에 인도, 브라질, 캐나다 등은 반대의 길을 선택했다. 인도의 모디 총리는 '자립경제'라는 구호까지 내세우면서 저항했고, 대미 보복 관세도 시행했다. 브라질 역시 농산물 및 철강 부문 관세 문제에서 미국의 요구를 전면 수용하지 않았으며, 미국의 일방주의에 선을 그었다. 캐나다는 미국의 51번째 주라고 부르는 트럼프의 모욕적인 행보에 정면 대응했고, 멕시코와의 공조를 통해 일정 부분 미국 우선주의에 대항했다.

한국은 이 두 유형 사이에서 제3의 길을 모색하며 대응했다. 바로 '느리게 버티기 전략'이었다. 일본의 이시바 시게루 총리와 그 뒤를 이은 다카이치 사나에 총리 모두 트럼프를 향해 철저한 아부 외교를 했지만 결국 뒤통수를 맞았다. 만약 윤석열 대통령이 탄핵당하지 않았더라면 아마도 일본처럼 했을 가능성이 가장 컸을 것이다. 그러나 이재명 정부는 실용 외교에 걸맞게 미국을 크게 자극하거나 도전하지 않되 소위 '덜 뺏기는 전략'으로 임했다. 향후 노력 여부에 따라 트럼프라는 파고를 견디는 수준을 넘어 새로운 활로를 개척할 수도 있다. 트럼프의 압박은 각국이 주권과 존엄을 어디까지 지킬 수 있는가를 묻는 시험대다. 이재명 대통령은 굴복으로 주권과 존엄을 잃지 않았고, 대항으로 국익의 치명적 손해도 입지 않은 실용 외교로 미국의 요구에 선방한 사례라고 볼 수 있다.

전문가들은 미국의 통상 압박에 직면한 한국이 버텨볼 만한 힘의 원천으로 이재명 정부의 외교와 협상력도 있지만, 근본적으로 제조업 강국이라는 지렛대가 있다는 점을 지적한다. 트럼프가 미국 제조업 부활을 최우선 기조로 삼는 상황에서 한국이 미국 제조업을 도울 수 있는 역량을 지니고 있다는 것이다. 조지아주 이민단속 사건 이후 배터리·조선·제약·반도체 분야에서 첨단 기술을 보유한 한국 기업들이 미국 공장 건설을 멈추자 당황한 쪽은 미국이었다. 그동안 양국의 비대칭적인 관계로 말미암아 한국은 절대로 미국에 대들지 못하는 나라라는 인식을 양국은 공유하고 있었다. '그때는 맞고, 지금은 틀리다.' 1960~1970년대라면 몰라도 지금의 한국은 과거처럼 약한 나라가 아니다. 지금까지 한국은 한미동맹이라는 신화에 갇혀서 국익이 상충하는 이슈에도 한국의 이익을 위해 적극적으로 대응하지 못했다. 국익을 우선하는 외교라는 것은 아무리 동맹 관계라도 이익을 위해 치열하게 협상해야 하며, 적대적인 관계라고 하더라도 이익을 위해 많은 경우 외교 관계를 유지해야 하는 것이다.

국제정치적으로도 '버팀의 미학'은 의미가 있다. 앞에서 자세히 설명한 것처럼 미국과 중국의 패권 갈등은 향후 수년은 물론이고, 수십 년 안에도 승부가 판가름 나지 않을 가능성이 크다. 양국 경쟁은 당장 승부에 돌입하기보다는 포석을 준비하는 양상을 띠고 있다. 트럼프의 권력은 유한하고, 패권 경쟁도 중국의 제조·수출·시장과 미국의 군사·금융·통화가 맞물려 장기 공존하며 경쟁하는 포지셔닝 게임이다. 중국은 재정·정책을 총동원해 '성장의 지구전'을, 미국은 제재·규칙으로 '억제의 예방전'을 이어갈 것이다. 한국의 전략은 명확하다. 한미동맹으로 안보망을, 중국으로부터 공급망을 확보하되, 국내적으로는 AI 개발을 통해 새로운 경쟁력을 확보해야 한다.

국제 질서가 혼탁해질수록 우리는 정체성을 단단히 세우고 협력 기반의 경쟁력을 강화해야 한다. 핵심은 민주주의와 평화의 유지다. 그리고 대한민국 헌법 제1조에서 선언하듯이 '모든 주권은 국민으로부터 나온다'라는 주권재민의 원칙을 다잡아야 한다. 우리는 12·3 비상계엄으로 매우 값비싼 교훈을 얻었다. 민주주의가 붕괴하면 국격·국위·국력이 어떻게 망가지는지 똑똑히 경험했다. 내부적으로는 극우의 공격도 막아야 하고, 대외적인 트럼프의 강압도 견뎌내야 한다. 민주주의가 바로 서야만 한반도에 평화가 오며, 진정한 주권재민의 자주 대한민국이 가능해진다. 2장에서 살펴본 것처럼 고대 도시국가 아테네는 안으로는 민주주의가 무너지고, 밖으로는 동맹국 수탈로 인한 고립으로 몰락했다. 미국의 몰락도 이와 유사할 수 있다. 우리는 두 가지 교훈을 얻어야 한다. 미국에만 의존하다가 함께 무너지면 안 된다는 것과, 미국의 민주주의 실패를 우리는 반복하면 안 된다는 것이다.

제2의 필살기: 함께, 연대의 미학

국제 질서의 대격변과 이를 주도하는 트럼피즘에 대항하는 두 번째 방법은 '함께'라는 말이 상징하는 연대다. 트럼프는 특정 상대국별로 일대일 각개격파 방식을 선호한다. 미국의 힘이 예전 같지 않더라도 양자 관계에서는 여전히 압도적이고, 특히 대미 의존도가 높은 동맹국과 우방국은 미국의 부당하고 일방적인 요구를 수용할 수밖에 없게 된다. 트럼프식 압박의 본질은 전형적인 '분할과 지배devide and rule' 방식으로, 상대 진영을 갈라놓고 각자도생의 제로섬 게임으로 몰아넣는다. 그렇다면 문제 안에 답이 있다. 트럼프의 각개격파, 즉 양자 압박을 이겨내려면 다른 국가들과 함께 다자 대응해야 한다. 트럼프가 관세 부과에 90일 유예 기간을 주자, 시한이 다가왔을 때 일본은 참지 못하고 미국에 굴복함으로써 절호의 연대 기회를 무산시켰다. 그렇게 되자 미국은 일본과의 협상을 거론하며 한국을 압박했다. 일본은 좋지 않은 협상 결과를 얻어낸 것은 물론, 한국에도 민폐를 끼친 셈이다.

향후에라도 처지가 유사한 일본, 유럽, 캐나다, 멕시코, 호주 같은 나라들과 함께 트럼피즘에 대처해야 한다. 트럼프의 지나친 자국 이기주의는 여러 나라로부터 큰 반발을 초래하고 있다. 트럼프가 망가뜨리려 하는 자유무역의 부활을 명분으로 삼아 연대하면 많은 나라의 공감을 끌어낼 수 있을 것이다. 트럼프의 관세 정책은 영원하지 못할 것이다. 미국 역사에서 성공한 적도 없다. 단기적으로는 세계경제를 흔들겠지만, 장기적으로 미국과 세계경제의 디커플링을 가속화할 것이다. 승부수는 '외교 다변화'에 있다. 한국도 유사한 처지에 있는 미국의 우방국과의 횡적 연대를 강화해야 한다. 이런 맥락에서 한국과 일본, 중국의 협력이 특히 중요하다. 한국과 일본은 미국과 함께 세계 제조업을 지배하고 있는 3강이고, 중국은 세계 최대의 소비 시장이다. 미국이 보호주의와 일방주의를 밀어붙이는 상황에서 중국이 역설적으로 자유무역과 진정한 다자주의를 외치는 구도를 잘 활용할 필요가 있다.

지난 21대 대선 당시 이재명 대선 후보를 향한 '셰셰谢谢' 논란에서도 알 수 있듯이 과거 진보 세력을 따라다녔던 '친북' 프레임이 다소 약화하고, 최근에는 '친중' 프레임이 강화되었다. 또 수년 전부터 유행해온 '차이나 피크China peak(중국 정점론)'에 따른 '탈중국론'은 주춤하고, 오히려 '중국으로의 귀환Return to China'론이 부상하고 있다. 중국은 경제적으로나 지정학적으로 우리가 외면하고 살 수 없는 나라다. 미국의 관세 압박에 정면으로 맞서 판정승을 거둔 과정에서 보인 중국의 내공을 간과할 수 없다. 그렇다면 우리 정부의 과제는 분명해진다. 관건은 친중 프레임을 깨는 것과 중국과의 거리 조절이다. 국내적으로 친중 프레임을 우회하기 위해서는, 먼저 일본이나 유럽과 트럼프의 보호주의 정책에 대응하는 자유무역 연대를 추진한 다음, 중국을 연대에 참여시키는 방안이 필요하다.

이재명 대통령은 집권 직후인 2025년 6월 헤이그에서 열렸던 나토 정상회의에 불참하기로 결정했다. 이전

정부에서 3년 연속 참여한 바 있었고, 나토 측에서 우크라이나 군사 원조에 한국이 동참하길 원했던 탓에 불참은 외교적으로 부담이 컸다. 그러나 동시에 나토 회원국이 아니면서도 일본과 호주, 뉴질랜드와 아시아태평양파트너국Asia-Pacific Partners, AP4으로 묶여 나토 회담에 계속 참여하는 것은 중국과 러시아와의 진영 대결에 참여하는 것처럼 인식될 수 있는 사안이었다. 고심 끝에 한국이 먼저 불참을 결정하자 일본과 호주도 곧바로 뒤따랐다. 한국이 이렇게 민감한 외교 사안에 대해 주도권을 행사한 적이 거의 없었는데, 앞장서서 불참을 결행하자 다른 국가도 이를 따른 것이다. 이렇게 함으로써 외교적 부담감을 서로 나눠지게 된 것이다.

연대를 통한 대응에서 빠질 수 없는 것이 '스윙 스테이트swing states' 외교 행보를 연구하고, 글로벌 정치경제 무대에서 이른바 '미들 파워middle powers' 국가들과 공조하는 문제다. 이 국가들은 '중간 강국' 또는 '중견 국가' 등으로 불리기도 하는데, 국제정치에서 미국과 중국을 제외한 군사적·경제적·지정학적 영향력을 가진 국가를 포괄하는 개념이다. 최근 미국과 중국의 전략 경쟁이 심화하고 러우 전쟁이 장기화하면서 이 국가들의 존재감이 더욱 커지는 양상이다. 미들 파워들은 미국과 중국 사이에서 배타적 선택을 강요받는 어려움에 빠지기도 하지만, 반대로 어느 한쪽에 속하지 않고 전략적 모호성을 채택함으로써 정치·경제적 이익을 확보하려 하기도 한다.

미국의 저명한 외교 저널인 《포린 폴리시Foreign Policy》 2023년 6월호는 미들 파워에 관한 클리프 쿱찬Cliff Kupchan의 흥미로운 글을 실었다. 〈여섯 개의 스윙 스테이트가 지정학의 미래를 결정할 것이다 6 Swing States Will Decide the Future of Geopolitics〉라는 제목으로 중견국의 행보에 관한 분석을 담은 글이다. 글로벌 사우스를 이끄는 브라질·인도·인도네시아·사우디아라비아·남아프리카공화국·튀르키예 등 스윙 스테이트 여섯 나라는 미국과 동맹 또는 우방국의 관계지만, 미국과 중국 어느 한쪽으로 기울지 않음으로써 오히려 보유한 국력 이상의 새로운 영향력을 갖게 되었다고 주장한다. 반면에 프랑스, 독일, 일본, 한국 등은 개별 국력이나 전체 국력은 스윙 스테이트보다 오히려 우위에 있지만, 미국에 과도하게 의존해 자율성을 발휘하지 못함으로써 그에 걸맞은 영향력을 행사하지 못한다는 것이다.

스윙 스테이트들은 미국의 단극 체제가 저물고 있다는 것을 감지하고, 상대적으로 자율적인 대외 정책을 채택함으로써 미중 전략 경쟁 속에서 이익을 챙기고 있다. 어느 한 나라에 지나치게 의존하지 않는 스윙 전략으로, 오히려 두 초강대국이 이 나라들을 자신의 편에 두기 위해 노력하게 만들고 있다.

이중에서 인도는 트럼프의 압박에 대해 가장 스윙 스테이트다운 행보를 보였다. 미국은 중국을 견제하기 위한 쿼드QUAD(미국·인도·일본·호주)를 인도를 중심으로 구축했지만, 인도는 서방 진영의 대러 제재에 참여하지 않고 러시아로부터 이익을 취했고, 트럼프의 관세 공격에도 굴하지 않았다. 우크라이나 침공으로 제재를 받는 러시아의 원유를 할인된 가격으로 수입해서 자국의 에너지 비용을 낮췄을 뿐만 아니라, 원유를 정제해 수출까지 했다([그림 5] 참조). 인도의 이런 전략을 미국도 간파하고 관세 압박의 수위를 올리고 있지만 인도는 굴복하지 않았다. 인도의 대외 정책 특징은 이념이나 가치가 아닌 트럼프처럼 이익에 기반한 '거래주의'다. 영구적 동맹 관계보다는 사안별로 국익을 계산해서 이익이 되는 쪽으로 결정한다. 이렇듯 미중 패권 경쟁 속에서 인도 같은 미들 파워는 변수가 될 수 있다.

튀르키예 역시 중동에서 영향력 확보의 교두보 역할을 담보로 미국으로부터 이익을 취하면서도 대러 제

[그림 5] 인도의 러시아산 원유 수입 급증 추이

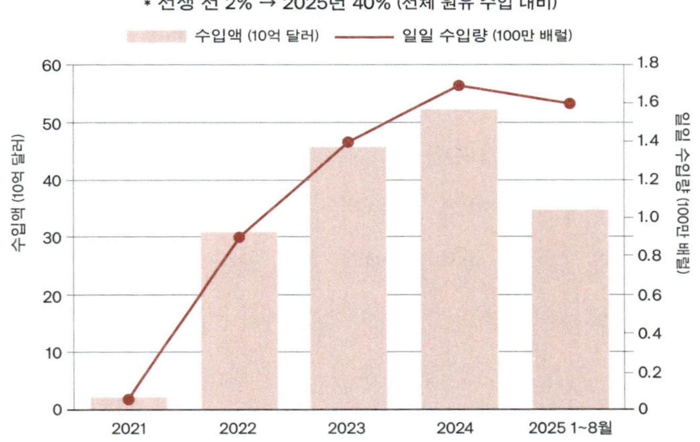

** 출처: UN Comtrade, Centre for Research on Energy and Clean Air (2021~2025년 8월).

재에는 참여하지 않는다. 브라질과 인도네시아는 중국에 리튬, 니켈, 알루미늄 등 핵심 광물을 수출한다. 최근 연구에 따르면 여섯 개 국가 각각이 특정 사안에서는 미국이나 중국 쪽으로 기울 수도 있지만, 대부분은 상대적으로 균형 잡힌 노선을 유지하고 있다. 러우 전쟁 발발 이후 이들 여섯 개 나라 모두 러시아와의 무역 및 기타 유대를 유지하거나 확대해왔다.

미국의 외교 전문가 앤마리 슬로터Anne-Marie Slaughter는 이런 변화를 두고 국가 권력의 원천에 관한 완전히 다른 시각을 제시한다. 그는 국가 권력의 원천이 전통적인 위계적 힘에서 네트워크화된 관계적 권위로 이동했다고 주장하는데, 국가의 진정한 힘은 네트워크를 통한 초국가적 협력이나, 타인을 끌어들이는 소프트 파워, 자율적인 사회와 소통하는 능력 등에서 비롯되며, 과거처럼 단순하게 '지배하는 강압적인 힘'이 아니라고 강조한다. 트럼프의 거래적 세계관에 대응하는 이재명의 실용 외교도 이런 관점을 참조할 필요가 있다.

동맹이냐, 자주냐의 이분법을 넘어, 다자 협력과 글로벌 연대를 통한 자율성을 증대해야 한다. 북한이 냉전 기간 소련과 중국 사이를 오가면서, 소위 '시계추 외교'로 이익을 챙긴 적이 있다. 여러 측면에서 당시와 비교하기는 어렵지만, 북한은 여전히 대러 관계와 대중 관계를 저울질하며 한쪽에만 결코 전부를 투입하지 않는다. 이 점은 미국에 전적으로 의존해온 한국 외교와 차별화된 점이다.

한국은 지정학적으로 매우 불리한 여건을 가지고 있다. 김대중 전 대통령도 대륙과 해양 세력 사이에 끼인 한국이 생존과 번영을 위해서는 외교를 잘해야 하는데, 그것은 양쪽 언덕의 풀을 모두 먹는 실용 외교여야 한다고 역설했다. 반도 국가의 지정학적 운명은 세 가지로 나눌 수 있다. 하나는 이탈리아의 로마처럼 대륙과 해양으로 세력을 팽창하는 대제국이 되는 것이고, 둘째로는 대륙과 해양 양쪽으로부터 침략의 발판이 되는 경우다. 우리는 후자인 침략의 발판이었다. 역사상 무려 830여 회의 침략을 당해왔다. 대륙의 국가가 강해질 때는 이들이 우리를 발판 삼아 해양으로 진출하고자 했고, 반대로 해양의 국가들이 강성해질 때는 이들이 우리를 발판 삼아 대륙으로 진출하고자 했었다. 전자의 대표적인 예가 병자호란과 여몽전쟁이었고, 후자의 대표적인 경우가 임진왜란과 구한말 일본 제국주의 침략이었다.

지금도 다르지 않다. 우리는 중국과 러시아라는 대륙의 강대국들과 미국과 일본이라는 해양 강대국 사이에 놓여 선택을 강요받는 형국이다. 지난 피침략의 역사에 대한 지나친 우려가 우리로 하여금 마치 하나를 선택해야만 한다는 강박관념으로 작용하는 면이 있다. 하지만 우리에게는 제3의 시나리오가 있다. 우리는 대륙과 해양을 연결함으로써 평화의 가교 역할을 할 수 있다. 너무 이상적으로 들린다면 다음은 어떨까. 우리가 가진 지정학적 위치를 자산과 지렛대로 활용하는 것이다. 앞에서 언급한 스윙 스테이트들 중에서도 이러한 지정학적 위치를 충분히 활용한 국가들이 있다. 튀르키예나 인도가 그러한 전략적 요충지다. 파편화가 심화하는 세계 질서에서 우리가 가진 신뢰성과 접근성, 그리고 전략적인 중요성을 동원하면 미중 어느 쪽도 우리를 무시할 수 없을 뿐만 아니라, 적극적으로 자기편으로 끌어당기고 싶어 할 것이다. 한국은 대륙과 해양 중 하나를 배타적으로 선택하는 것이 아닌, 양쪽 세력에게 서로 뺏기면 안 되는 지정학적 자산이 돼야 한다. 운명적으로 하나에 편승할 수밖에 없다거나, 단순히 위험을 회피하는 수동적 대응이 아니라 지정학적 균열을 역으로 이용해서 이익을 극대화하는 전략을 생각해볼 때다. 우리는 그렇게 할 충분한 능력이 있다.

제3의 필살기: 당당하게, 자주의 미학

한국 외교의 세 번째 필살기는 '당당하게'라는 표현이 지향하는 자주의 미학이다. 트럼프의 미국은 우리가 아무리 발전하고 강해졌다고 하더라도 맞상대하기가 확실히 버겁다. 기울어진 동맹 관계를 거래 관계로 규정하는 순간, 우리의 대미 취약성은 배가될 수밖에 없다.

그런데 역으로 생각하면 가치나 명분을 미국이 먼저 버렸기 때문에 한국 역시 거래적 관계로 대할 수밖에 없게 되었다는 점을 생각해야 한다. 우리도 철저하게 국익의 관점에서 미국을 대할 수 있다는 것이다. 거래적 관계가 되면 한국의 대미 정책이 가질 수 있는 운신의 폭도 넓어질 수 있다.

단순한 대미 의존을 넘어 가스라이팅이라고 불러도 이상하지 않은 대미 종속 관계를 벗어나려는 노력을 더는 미룰 수 없다. 오늘날 대한민국은 과거 안보와 경제는 물론 의식까지 미국 없이는 생존을 확신하지 못했던 20세기 중반의 한국이 아니다. 그럼에도 미국에 대한 종속과 한미동맹의 절대적 신화가 작동해서 여전히 미국 앞에만 서면 한없이 작아진다. 여러 차례 지적했듯이 진보 정부들도 예외가 아니었다. 당장 미국과 결별하자거나 미군 철수를 주장하는 것이 아니다. 다만 한국이 미국 없이는 스스로 생존하지 못할 것이라는 미국의 과신이 틀렸다는 점을 깨닫게 해줘야 한다. 한미동맹이 한국 외교의 기본 틀은 맞지만, 미국의 정책이 한국의 국익과 다를 때는 우리의 이익을 우선하는 '전략적 자율성strategic autonomy'을 보여줘야 한다.

외교에서 당당함을 갖추는 것은 단순한 구호만으로

는 어렵다. 당당한 외교는 역량에서 나온다. 이재명 대통령이 트럼프와의 정상회담을 마친 후에 한탄했던 말이 "나라의 힘을 좀 길러야겠다"였다. 정상회담이 무언가를 얻어내는 것보다는 트럼프의 일방적인 압박에 대응해 덜 빼앗기고, 지켜야 하는 자리임을 절감했을 것이다. 국방·경제·기술은 물론이고, 문화 영역에서 미국에 대한 의존도를 낮추는 것에서 그치지 않고, 공급망 확보와 수출 경쟁력까지 확실하게 챙겨야 한다. 우리의 잠재력은 확실하다. 지난 10년 동안 비약적인 발전을 이룬 한국 방위산업은 매우 고무적이다. 전 세계에 돌풍을 일으키고 있는 K-컬처 역시 우리의 큰 힘이 되고 있다. 경주 APEC에 방문했던 엔비디아 회장 젠슨 황이 발표한 AI GPU 26만 장 공급 계획으로 세계 3위의 AI 강국으로 발돋움하게 된 것은 쾌거다. 삼성전자와 SK 하이닉스의 반도체 협력을 통한 AI 생태계 구축도 큰 의미를 지닌다.

한국은 미국이 필요한 기술을 생각보다 많이 가지고 있다. 한국 제조업이 미국이 보유한 원천 기술에 깊게 의존하고 있지만, 완제품을 생산하는 기술 역시 그에 못지않게 중요하다. 미국의 제조업이 무너진 상태에서 반도체, 배터리, 조선 등 한국의 제조업 기술에 대한 미국의 절박한 필요는 두말할 필요가 없다. 얼마든지 우리가 칼자루를 쥘 수 있는 영역이 있는데도 지금까지의 대미 협상에서 우리가 제대로 무언가를 요구한 적이 거의 없다는 것이 큰 문제였다.

전략적 유연성이나 미군 주둔 분담금 문제도 마찬가지다. 우리가 미국을 필요로 하는 것 이상으로 미국의 동아시아 전략에 한국이 전략적으로 필요하다는 점을 인식하고 과감한 역제안도 해야 한다. 예를 들면 전통적인 육군 중심의 주한미군은 미국이 원하는 대로 감축하고, 해군과 공군 중심의 전략군 형태로 주한미군을 재편하자고 제안해야 한다. 나아가 미국이 분담금 증액을 지나치게 요구할 경우, 미군을 우리 통제하에 두는 창의적인 제안도 생각해볼 필요가 있다. 아마도 미군은 한국의 용병이 되려 하지는 않겠지만 역제안의 효과는 분명하다.

트럼프는 이른바 '강약약강'의 전형적 행태를 보여왔다. 즉 강자한테는 약하고, 약자한테는 더 강하게 한다. 트럼프 2기 들어서 미국에서는 TACOTrump Always Chickens Out라는 말이 유행했다. 트럼프는 항상 (강해 보이지만) 마지막에는 겁쟁이처럼 물러난다는 것을 조롱하는 말이다. 특히 중국을 위시해서 미국에 강하게 반발하는 국가들에 먼저 꼬리 내리는 경우가 많다. 이 지점에서 미국의 냉전정책에 맞서 동서 화합을 추진하던 서독의 빌리 브란트Willy Brandt 전 총리가 생각난다. 브란트 동방정책의 설계자이자, 독일의 헨리 키신저로 불렸던 에곤 바르Egon Bahr는 냉전이 한창인 시점에서 동유럽과 교류하겠다는 서독의 동방정책에 대해서 미국이 강한 의구심을 나타내자 "(미국) 당신들을 설득하거나 상의하러 온 것이 아닙니다. 통보하러 왔습니다"라고 말했다. 에곤 바르가 미국에 보여준 당당한 태도를 우리도 가져야만 한다.

대한민국은 고난 속의 성공 경험이 있는 충분한 역량을 가진 나라다. 변화에 소극적으로 따라가기보다 능동적으로 대처해야 한다. 대한민국은 더 이상 작고 약한 나라가 아니다. 지도자는 국민의 역량을 믿고 대격변의 시기를 함께 싸워나갈 결기가 있어야 한다. 이재명 정부는 사적 권력을 유지하기 위해 미국과 일본에 종속적인 자세를 취했던 윤석열 정부와는 180도 달라야 한다. 특히 트럼프가 미국의 민낯을 노골적이고 보이는 현 상황은 한미동맹에 대한 맹목적 신화를 극복할 기회다. 이 기회를 적절하게 이용해 한국 사회의 지나친 대미 의존성을 극복할 비전을 제시해야 한다.

이재명 정부의 실용 외교는 트럼프의 철저한 거래주의 외교를 상대하기에 어쩌면 가장 좋은 전략일 수 있다. 그러나 실용 외교는 방법론이지 우리가 지향하는 목표는 아니다. 따지고 보면 실용 외교는 어떤 국가이든 기본적으로 채택해야 하는 방법일 뿐이다. 대의명분만 쫓다 모두가 망하는 길로 갈 수는 없기 때문이다. 대한민국 외교의 장기적 대안으로 에필로그에서 진보적 민족주의를 제시하며 이 책을 끝마치려 한다.

동맹을 넘어,
K-민족주의를 꿈꾸다

동맹의 고갈된 유효성

오늘의 국제 질서는 가치와 규범의 협력 체제로는 더 이상 설명할 수 없다. 정글 같은 각자도생과 적자생존의 싸움터로 변하고 있다. 국가는 어떻게든 살아남는 것을 목표로 가능하면 최대의 이익을 쟁취해야 한다는 지상명령에 따라 움직일 수밖에 없게 되었다. 생존과 이익 쟁취를 도와줄 국가나 국제기구는 존재하지 않으며, 각각의 자립과 자주 위에서만 국가의 존립이 가능하게 되었다. 국가 간 관계에서 과거에는 동맹과 협력이 자산으로서의 의미가 있었을지 모르지만, 이제는 힘의 불균형으로 인한 비용 전가의 리스크가 확대되고 있다. 대한민국은 국내 정치적으로는 윤석열 집단에 의한 내란 돌연변이의 충격을 겪었고, 대외적으로는 각자도생의 파편화 속에서 자주적 생존의 시대적 과제 앞에 놓이게 되었다.

역사가 경험적으로 증명하는 것은 패권국이 힘으로 단기간은 세계를 지배할 수 있으나, 협력 없이 강제력만 행사한다면 장기적으로 몰락의 길을 걸을 수밖에 없다는 것이다. 세계는 지금 가치, 도덕, 명분을 폐기하고 있고, 그 최선두에 트럼프의 미국이 있다. 과거 위선을 동원해서라도 가치를 중시하며 협력을 도모하던 장치와 제도는 하나씩 사라지는 중이다. 사생결단의 적자생존이라는 동물의 세계와 인류가 다른 점은 협력하고 공존한다는 데 있다. 이러한 사실을 떠올려보면 이렇게 인류 문명이 협력의 정신을 상실해가다가는 파멸의 길을 걷게 될 것이다. 트럼프의 미국이 이미 그 길을 재촉하고 있다. 우리는 그와 함께 침몰할 것인가, 아니면 인간다움을 지닌 나머지 국가들과 힘을 합쳐 문명을 보존할 것인가. 운명을 건 선택의 시점이다.

한미동맹은 해방 이후 한국 사회가 생존과 번영을 위해 의존해온 근간이다. 안보와 경제는 물론이고, 의식까지 지배해온 누구도 흔들 수 없는 아성이었다. 그러나 동맹의 효용성은 줄어들고 있고, 유해성은 오히려 증가하는 중이다. 트럼프의 미국은 동맹의 가치를 부정하고, 나아가 동맹국을 자국 이익을 위한 착취의 대상으로 삼았다. 한미 관계는 자산이 아닌 리스크로 변하고 있다.

그렇다면 과연 트럼프 정부의 임기가 끝나고 민주당 정부가 집권한다면 전통적 동맹의 유효성을 회복할 수 있을까? 사실 우리는 그런 미래를 트럼프 1기에서 바이든 정부로 넘어가면서 이미 경험했다. 그러한 경험으로 얻은 결론은 '아니다'이다. 대외 정책에 있어 트럼프 2.0으로까지 불렸던 바이든 정부는 겉모습만 부드러울 뿐, 그리고 가치를 전면에 내세웠을 뿐 동맹에 이로운 정책은 없었다. '(미국의) 중산층을 위한 대외 정책'이라는 생경한 이름이 상징하듯, 미국에 동맹은 자산이지만 동맹에 미국은 부채가 되었다. 우리는 바이든 정부에도 1,000억 달러라는 어마어마한 돈을 투자했지만, 반대급부로 취업 비자조차 얻지 못했다.

한미동맹의 유효 기간은 거의 끝났다고 봐야 한다. 대한민국의 미래에 긍정적인 역할을 하기는 어려울 것이다. 미국의 절대적 패권이 하락세에 접어든 것은 분명하며, 그에 따라 미국 사회의 불안감도 커지고 있다.

이로 인해 미국은 관용과 참을성을 잃게 되면서 과거에 자신들이 공격하던 불량 국가를 닮아가고 있다. 2024년 11월 미국 대선에서 트럼프가 승리한 직후 워싱턴을 방문했을 때, 워싱턴 소재 싱크탱크의 한 소장이 내게 했던 말이 떠오른다. 그는 지금까지 한국과 미국이 가진 힘의 차이가 양국 관계에 제대로 반영되지 않았는데, 트럼프 2기는 이를 철저하게 반영할 것이라고 말했다. 한미동맹은 시간이 갈수록 시대착오적 관계가 되고 있다.

민족주의는 유효한가

8장에서 방법론 측면에서 한국 외교의 세 가지 필살기를 소개했다. 이재명 정부의 실용주의도 방법론일 뿐 지향해야 할 목표는 아니다. 그렇다면 한국 외교를 아우르는 이념과 원칙은 무엇이 되어야 할까. 해답은 새로운 민족주의적 가치의 정립이다. 진보적이고 개방적인 민족주의가 한국 사회에서 정치·사회적 이념의 대안이 될 수 있을 것이다. 그동안 한국 사회에서 '민족'이라는 말에는 긍정적인 이미지가 있었지만, '민족주의'라는 말에는 부정적인 뉘앙스가 있었다. 특히 후자는 자주 '배타적'이라는 형용사가 앞에 붙어 있는 경우가 많았다. 한국의 민족주의는 해방과 저항의 이념인 동시에, 내부의 혈통과 동질성을 부각하는 '타자 배제'의 이념으로 작동해왔다. 하지만 민족주의는 종족적이고 보수적이며, 폐쇄적일 수 있지만 동시에 탈종족적이고 진보적이며, 개방적일 수도 있다. 따라서 후자의 특성을 부각한 한국형 진보 민족주의, 즉 'K-민족주의'를 적극적으로 개발해 세계에 알리는 것도 의미가 있지 않을까.

우리에게 민족주의는 해방과 독립의 원동력이었던 동시에, 냉전과 분단의 시대에는 배타적 국수주의라는 이름으로 타자를 배제해왔다. 그래서 진보 진영에서는 '민족'이라는 단어를 의도적으로 피하거나, 낡은 정치 언어로 취급했다. 그러나 세계화의 균열과 신냉전의 회귀 속에서, 지금 우리에게 필요한 것은 그 낡은 개념의 폐기가 아니라 새롭게 재해석하는 것일지 모른다. 진보적 민족주의는 피와 혈통, 국경의 울타리로 정의되는 민족주의가 아니라, 자주성과 연대의 결합을 목표로 하는 민족주의다. 외세 배척의 자주가 아니라, 불평등한 세계 질서 속에서 한국 사회가 스스로 선택할 권리를 회복하는 자주다. 미국의 전략에 종속되지 않으면서도,

중국의 압박에도 휘둘리지 않는 균형 외교의 철학이 그 바탕에 있다. 다시 말해 폐쇄가 아니라 주체적 개방의 민족주의다.

한미동맹에 대한 절대적 종속을 극복하기 위해서는 먼저 민족의 자주성을 되찾아야 한다. 하지만 이것이 배타적 민족주의를 의미하는 것은 아니다. 반외세나 단일민족 신화를 재탕하는 것은 바람직하지 않다. 그것은 현재의 극우 세력처럼 외국인 혐오로 흐를 수 있기 때문이다. 우리는 단일민족 신화의 기원을 삼국시대에서 찾는 경향이 있다. 마치 그때부터 한민족 통일을 이루려는 여망이 대단했던 것처럼 말하면서 삼국통일을 바라보는 사람들이 있지만, 이는 사실이 아니다. 삼국시대 말기까지도 고구려, 백제, 신라인들 사이에 민족적 동질감은 크지 않았다. 통일신라 역시 영토 확장과 정복이 전쟁의 목표였지, 민족 통일은 목표가 아니었다. 심지어 어떤 사학자들은 임진왜란 당시 조선인들이 의병까지 일으켜 일본에 대항했던 것은 민족주의적 대의보다는 지역 공동체의 저항이라는 특징이 더 컸다고 주장하기도 한다.

우리의 민족주의는 서구 제국주의의 민족주의와 다르다. 식민지 극복 과정에서 탄생한 저항의 민족주의다. 저항의 민족주의는 곧 아래로부터의 민주성을 포함하고 있다. 따라서 '민주주의적 민족주의'로 승화할 수 있다. 민주주의적 민족주의는 '열린 민족주의'이다. 찰스 틸리가 말하는 국가가 전쟁을 만들고, 전쟁이 국가를 만든다는 식의 국가 간 전쟁을 통한 민족의 형성과 유지라는 패턴을 따르지 않는다. 이렇듯 서구와 다른 경로를 가진 우리의 민족주의는 평화와 공존, 그리고 다양한 주체(다문화, 여성, 외국인 노동자 등)가 함께 만드는 열린 민족주의로 나가야 한다. 이것이 한국형 진보 민족주의의 재구성이다. 서구에서는 스스로를 근대화와 산업화를 이룬 진보적이고 합리적인 민족주의로 규정하지만, 비서구의 민족주의는 퇴영적이고 비합리적으로 규정했다. 이른바 '오리엔탈리즘'이라는 이분법을 통해 동양은 정신적이나 야만적이고, 서구는 물질적이나 문명적이라고 규정한다. 이러한 편견도 문제지만, 더 큰 문제는 동양에서 이를 수용했다는 점이다. 근대적 현상의 선구적 모범을 제시하는 서양을 동양이 그대로 배우고 따라가야 한다고 스스로 세뇌한 것이다.

오리엔탈리즘의 대척점에 서 있는 탈식민주의 이론은 비서구 사회의 지배층이 만들어낸 민족주의의 억압성을 고발하고 저항하기 위한 것이다. 민족 해방을 명분으로 내세운 비서구 사회의 민족주의는 저항적 민족주의의 성격을 띠고 있어, 피식민지 민중의 옹호와 지지를 받았다. 하지만 탈식민주의자들이 보기에 이는 민족해방이라는 대의명분하에 민족 내부에 존재하는 수많은 하위 계층의 목소리를 억압하는 개념이었다. 한국의 역대 보수 정권은 거의 모두 여기에 해당한다. 서구의 민족주의가 항상 합리적인 것도 아니었고, 비서구의 민족주의가 서구적인 모범을 그대로 따라간 것도 아니었다. 서구의 민족주의가 다양한 것처럼, 비서구의 민족주의 역시 다양할 수밖에 없다. 더욱 중요한 점은 한국가 내에서도 주창하는 민족주의가 매우 다양할 수 있다는 것이다. 한국의 예를 살펴보자. 한국인의 혈통을 따지는 민족주의는 배타적으로 한 가지만 존재하겠지만, 시민 공동체나 헌법적인 동등성을 기초로 한 민족주의는 훨씬 다양하게 구성될 수 있다. 열린 민족주의라고 할 수 있는 것이다.

민족이 얼마나 오래 지속될 것인가에 대한 의문이 있을 수 있다. 세계화가 한창 성행할 때는 민족이나 민족국가가 사라진다는 주장들이 많이 나왔었지만, 지금은 오히려 세계화는 저물고 각자도생의 국제질서에서 민족주의가 부활하는 양상을 보인다. 트럼피즘이 지향하는 미국 우선주의 역시 백인 민족주의가 바탕에 깔려 있다. 국제 협력보다는 갈등을 조장하는 현실을 고려하면 당분간 모든 세계인을 관통하는 보편성을 확보하기는 매우 어려울 것이다. 따라서 앞으로도 민족 정체성은 유효할 것이며, 이에 따른 한국적 정체성을 형성해야 할 것이다. 그런데 그것은 근대 서구의 민족주의가 아니며, 20세기 한국의 민족주의와도 다르고, 또 달라야 할 것이다. 만약 민족주의가 우리의 기존 체제를 유지하는 데 초점을 맞춘다면 전통을 고수하는 배타적 민족주의가 될 것이고, 반대로 서구에 대한 동경과 복종을 내세운다면 우리 사회의 친미·친일 세력이 그 사례가 된다. 하지만 제3의 유형도 존재한다. 인민주권을 토대로 한 민주주의에 바탕을 둔 민족주의, 배타적이지 않은 열린 민족주의로 나아가는 것이다. 단일민족 5천년이라는 서사는 이주노동자나 다문화 가정에 대한 차별로 이어질 수 있지만, 민주주의와 헌법적 가치에 기반한 민족 서사는 국적을 취득한 사람이라면 누구나 한국인이 되는 것이고, 차별은 사라져야 하는 것이 된다.

이민자와 난민을 배척하고, 외국인을 혐오하는 진보는 결코 진보일 수 없다. 하지만 최근의 민족주의는 국수적이고 폐쇄적이며 극우적으로 흘러가고 있다. 일부 진보 진영 사람들은 민족주의가 보수 사상의 핵심이라고 간주한다. 하지만 한국에서는 어느 정도 진보가 민족주의를 추구하는 것이 가능했다. 한국의 보수가 친일과 친미라는 형태로 변질되면서 반대로 민족적 긍지를 주장하는 사람들을 진보이자 자주적인 민족주의자로 결부시킬 수 있었기 때문이다.

물론 진보 진영 내에서 민족주의는 진보가 될 수 없다는 강력한 비판의 목소리도 상존해왔다. 자주적 민족주의는 사이비 진보이며, 진정한 진보는 당연히 민족을 초월하는 탈민족을 추구해야 한다고 주장하는 세력도 있었다. 그러나 나는 민족주의를 어떻게 해석하는지가 더 중요하다고 믿는다.

유시민은《나의 한국 현대사》에서 대한민국이 사실상 미국의 괴뢰 국가로 설립된 것이나 마찬가지라고 규정했다. 그러면서도 미국에 예속된 군사독재 정권이 시민 항쟁으로 붕괴되면서, 대한민국은 저항적 민족주의로 수렴되었다고 본다. 절반은 맞는 말이지만, 현실은 여전히 그에 미치지 못했다.

지난 김대중·노무현·문재인 정부는 전부 예외 없이 동맹 중독에 걸린 한국에서 권력을 유지하기 위해 저항적 민족주의의 입장에서 미국에 도전하지 못했다. 시쳇말로 '웃픈(웃기다와 슬프다의 합성어)' 것은 이승만이 미국의 단독 정부 수립안에 북진 통일을 들이밀거나, 박정희가 카터의 미군 철수에 대해 자주국방으로 대항하는 등 보수 정권에서 미국에 대한 도전이 있었다는 점이다.

반대로 민주 정부는 되레 미국에 대항하지 못했다. 자신들이 미국이 생각하는 친북좌파 정부가 아니라는 것을 애써 강조하려고 자기 검열에 몰두했기 때문이다. 따라서 유시민이 말하는 저항적 민족주의는 국내 친미 권위주의 정권은 무너뜨릴 수 있었지만, 미국의 이해관계는 거의 건드리지 못했던 것이다.

한편 한국은 제조업 경쟁력을 기반으로 세계 10대 경제 강국을 향해 잰걸음을 옮기고 있지만, 지나친 대외 경제 의존도와 금융 개방으로 인해 외국 자본 의존도가 심화했다. 이 경우 개방형 통상 국가로서 대외 환경이 좋을 때는 별다른 문제가 없지만, 대외 환경이 나

뿔 경우 내수 시장이 취약한 탓에 곧바로 위기 상황에 놓이게 된다. 이런 취약성으로 인해 트럼프의 통상 압박이나 투자 강압에 본질적으로 취약하다. 따라서 진보 민족주의는 우선 한미동맹으로 인한 종속 구조에서 벗어나야 한다. 그것은 단순히 반미를 내세워 저항하는 것이 아니라 유사한 처지에 있는 민족이나 국가들과의 연대를 통해 이룰 수 있다.

한반도라는 지정학적 공간에서 남북 관계와 주변 4강 외교를 다루는 데 민족 담론은 여전히 중요한 상징 자원이다. 문제는 그것을 어떤 방향으로 새롭게 구성할 것인가다. 진보적이고 개방적인 민족주의는 '국가주의를 넘어선 자주성', '배타성을 넘어선 연대', '피의 동질성을 넘어선 가치 공동체'를 지향해야 한다. 그것은 '우리만 잘 살자'가 아니라, 한국의 민주주의와 평화의 경험을 동아시아와 세계 시민사회와 공유하려는 노력이다.

다시 말해, 민족주의를 세계 속의 공존과 책임의 언어로 바꾸는 일이다. '민족'이라는 단어는 오래된 과거의 상징처럼 보이지만, 그 안에는 여전히 미래의 가능성이 숨어 있다. 진보적 민족주의가 낡은 깃발이 아니라 새로운 연대의 언어로 되살아날 때, 한국 사회는 다시금 자신감을 얻을 것이다. 자주와 평등, 다양성과 공존이 함께 어우러지는 '열린 민족주의', 그것이야말로 21세기 한국의 새로운 길이다.

슬기로운 동맹 생활

흔들리는 한미동맹과 한국의 생존 전략

초판 1쇄 발행 2026년 2월 16일

지은이 김준형
펴낸이 김현종
기획총괄 배소라 **출판본부장** 안형태
책임편집 황정원 **편집** 최세정 진용주 김수진 장진경
디자인 조주희 김연주 **마케팅** 김예리 신잉걸
방송사업·미래전략본부 정태준 문상철 이주리 백범선 남궁주철 김대준

펴낸곳 (주)메디치미디어
출판등록 2008년 8월 20일 제300-2008-76호
주소 서울특별시 중구 중림로7길 4
전화 02-735-3308 **팩스** 02-735-3309
이메일 medici@medicimedia.co.kr **홈페이지** medicimedia.co.kr
페이스북 medicimedia **인스타그램** medicimedia
유튜브 medici_media

ISBN 979-11-5706-526-4 03340